Ursula Calis

Köstliche Desserts

KOMPASS Küchenschätze

Ein Wort zuvor

Für viele Genießer einer guten Küche ist ein köstliches Dessert der Höhepunkt jeder guten Mahlzeit. Eine lockere Creme, serviert in hohen Cocktail-Gläsern oder ein luftiges Soufflée, aber auch Fruchtiges oder Gefrorenes sind immer willkommen.

Wichtig ist nur, dass ein Dessert bezüglich Farbe, Konsistenz sowie Geschmack und Menge auf das Menü abgestimmt ist. So serviert man eine leichte Creme oder Eisspeise am besten nach einem gehaltvollen Hauptgericht. Wurde eine kräftige Suppe oder ein einfaches Nudelgericht gereicht, so sind ein sättigender Pudding aus der Wasserbad-Form oder ein Schaumomelett mit Früchten willkommene Nachspeisen, die den vorherigen Gang entsprechend abrunden.

Desserts findet man in allen internationalen Küchen, manche tragen berühmte Namen wie die „Charlotte russe", andere kennt man überall unter ihrer landestypischen Bezeichnung, so z.B. die „Tiramisu", „Crème Caramel" oder die „Mousse au chocolat". Früher war es allerdings nur den erfahrenen Köchen vorbehalten, kunstvolle oder besonders raffinierte Desserts zuzubereiten. Seit dem Einzug moderner Elektrogeräte in den Haushalt – hierzu zählen beispielsweise Elektroquirl, Küchenmaschine, Mixer, Pürierstab, Kühl- und Gefrierschrank oder die beliebte Eismaschine – ist es einfach geworden, verschiedene Dessertspezialitäten ohne großen Aufwand selbst zuzubereiten.

Mit den passenden Formen sowie Geschirren ist es heute kein Problem mehr, selbst aufwendige

Desserts für liebe Gäste zu kreieren. Wichtig ist nur, stets, sehr frische Zutaten – dies gilt insbesondere für Eier- und Milchprodukte – zu verwenden. Dieses Buch liefert Ihnen eine Vielzahl verschiedenster Rezept-Ideen, von einfachen Milch-Desserts bis hin zu Feinem für festliche Stunden. Sie finden leichte Frucht-Nachspeisen, aber auch gehaltvolle Soufflées, ganz nach Ihrem Geschmack oder Bedarf.

Im Vorspann zu jedem Kapitel erfahren Sie Wissenswertes zur Zubereitung und erhalten wichtige Tipps. So wird Ihnen das Nachkochen der verschiedenen Vorschläge sicher leicht fallen und ich wünsche Ihnen stets viel Erfolg.

Ihre

Ursula Calis

Inhalt

Tipps für verschiedene Desserts

1) Warme Süßspeisen stets gut auskühlen lassen, bevor sie in den Kühlschrank gestellt werden. Es ist wichtig, dass sie gut und gleichmäßig durchkühlen, vor allem wenn sie mit Milch zubereitet wurden.

2) Wie alle Speisen, die im Kühlschrank aufbewahrt werden, so sind auch alle Süßspeisen stets gut zuzudecken. Sie ziehen sonst sehr schnell fremde Gerüche an.

3) Durch Zugabe von Eigelb (Eidotter) lassen sich Puddinge verfeinern und erhalten eine appetitliche Farbe.

4) Ein gekochter Flammerie bleibt fest, wenn steifer Eischnee sofort unter die noch warme Masse gezogen wird.

5) Alle Stürzformen vor dem Einfüllen der Masse mit kaltem Wasser ausspülen.

6) Puddinge oder heiße Fruchtspeisen bilden keine Haut, wenn man sie in heißem Zustand mit Zucker bestreut.

7) Platten oder Teller, auf die etwas gestürzt werden soll, vorher mit kaltem Wasser abspülen. Dann ist es einfacher, die gestürzte Masse noch passend zu verschieben.

8) Wasserbadformen nur zu max. 3/4 füllen, da die Masse während des Garens noch hochsteigt.

9) Beim Einfüllen von Puddingmassen in eine Wasserbadform diese einige Male auf ein feuchtes Tuch aufstoßen, damit die Masse besser zusammenhält.

10) Die Formen stets gut einfetten und mit Semmelbröseln oder Grieß ausstreuen. Das gilt auch für den Deckel.

11) Bei Verwendung von Gelatine gilt: Blattgelatine stets in kaltem Wasser einweichen, quellen lassen, gut ausdrücken und in wenig Flüssigkeit bei milder Hitze auflösen. Bei Zugabe in heiße Flüssigkeiten ist ein Auflösen nicht notwendig.

12) Für 1/2 Liter Flüssigkeit (z.B. Saft, Wein, Milch und anderes) benötigt man 6 Blatt Gelatine = 12 g

13) Auch aus Bowlen- und Weinresten lassen sich durch Zugabe von Gelatine vorzügliche Gelees herstellen.

14) Cremes, die mit Gelatine zubereitet werden, sollen stets erst etwas gelieren, bevor Eischnee oder steif geschlagene Sahne darunter gezogen werden.

15) Glasschalen, in die eine heiße Masse eingefüllt werden soll, stets auf ein feuchtes Tuch stellen und einen Löffel hineinlegen, damit das Glas nicht platzt.

16) Beim Binden von Flüssigkeit gerinnt das Eigelb (Eidotter) nicht, wenn es mit Milch und Stärkemehl zusammen verrührt und die Speise dann nur noch kurz aufgekocht wird.

Desserts aus Milch- und Milchprodukten

Jede handelsübliche Milchsorte, ob die fettere Vollmilch oder eine Magermilch ist für die Zubereitung geeignet. Die Magermilch kann wegen ihres hohen Eiweißgehalts bevorzugt werden. Für gekochte Speisen sollte die Milch in einem vorher mit kaltem Wasser ausgespülten Topf erhitzt werden. Süße Sahne (Schlagobers) hat mindestens 30% Fettgehalt. Sie wird flüssig verwendet oder aufgeschlagen. Zweckmäßig ist es, den Zucker nach der Hälfte der Zeit dazuzugeben, damit er sich besser verteilt. Buttermilch enthält viel Eiweiß, Milchzucker und Mineralstoffe. Ihr leicht säuerlicher Geschmack ist ideal für viele Desserts. Quark (Topfen) lässt sich in allen Fettstufen einsetzen. Er sollte jedoch stets gut abgetropft verwendet werden. Wie alle Milcherzeugnisse hat er einen hohen gesundheitlichen Wert. Gleiches gilt für den Joghurt. Bei seiner Herstellung wandeln spezielle Bakterien die Milch um. Dabei entstehen Milchzucker und -säuren. Für Desserts stets „reinen“ Joghurt ohne Fruchtzusatz verwenden.

Quark (Topfen)-Karamelcreme
(für 4 Portionen)

- 200 g Zucker
- 100 g süße Sahne (Schlagobers)
- 500 g Quark (Topfen), in der Vollfettstufe
- 3 - 4 EL Orangenlikör

● Den Zucker in einer Pfanne aus Edelstahl hellbraun karamelisieren, die Pfanne von der Kochstelle nehmen und 3 EL heißes Wasser vorsichtig unter Rühren dazugeben.
● Die Sahne mit ca. 100 ml Wasser mischen, dann zum Karamel geben und unter Rühren aufkochen. Von der Kochstelle nehmen, noch 1 - 2 Minuten lang weiterrühren, dann auskühlen lassen.
● Den Quark in eine Rührschüssel geben, mit dem Likör und der Hälfte der Karamel-Sahne-mischung glattrühren.
● In dekorativen Schalen oder Gläsern anrichten, den restlichen Karamel darauf geben und vorsichtig einrühren, so dass ein spiralförmiges Muster entsteht.

3-Schicht Quark (Topfen)-Creme
(für 4 Portionen)

- 750 g Quark (Topfen), in der Vollfettstufe
- 60 - 80 g Brombeeren
- 100 g Zucker
- 80 g Himbeeren
- Saft und abger. Schale 1/2 unbehandelten Zitrone
- Beeren und Minze als Garnitur

● Den Quark in 3 Portionen aufteilen. Brombeeren und Himbeeren getrennt verlesen, vorsichtig waschen, abtropfen lassen, dann mit je 30 g Zucker pürieren. Jedes Fruchtpüree unter jeweils eine Quarkportion rühren.
● Den restlichen Quark mit Zucker, Zitronensaft sowie -schale glattrühren. Nun die Massen schichtweise in dekorative Serviergläser füllen, durchkühlen lassen und mit Beeren sowie Minze garniert servieren.

Buttermilchschnee mit Sauerkirschen
(für 4 Portionen)

1/2 l Buttermilch oder Sauermilch	etwas Zitronensaft
40 g Stärkemehl	2 Eier
80 g Zucker	1 kleines Glas Sauerkirschen
abgeriebene Schale 1 unbehandelten Zitrone	etwas Cognac
	Mandelblättchen

● Die Kirschen abtropfen lassen, in eine Schüssel geben, mit Cognac beträufeln, umrühren und durchziehen lassen.

● Alle anderen Zutaten in einen hohen Topf geben und bei milder Hitze oder über einem Wasserbad so lange mit einem Schneebesen aufschlagen, bis die Masse cremig ist und zu steigen beginnt. Danach unter weiterem Aufschlagen abkühlen lassen.

● Die Kirschen auf Dessertgläser oder -teller verteilen und den Buttermilchschnee darüber geben. Mit Mandelblättchen bestreuen.

Pfefferminz-Mousse
(für 4 - 6 Portionen)

4 Eigelb (Eidotter)	1/2 l süße Sahne (Schlagobers)
80 g Zucker	1 - 2 EL Zucker
5 Blatt weiße Gelatine	8 cl grüner Pfefferminzlikör

● Eigelb mit Zucker in eine Rührschüssel geben und mit dem Elektroquirl einige Minuten lang schaumig schlagen, bis der Zucker sich gelöst hat. Zuletzt den Pfefferminzlikör unter die cremige Masse ziehen.

● Die Gelatine in kaltem Wasser einweichen, ausdrücken und in wenig heißem Wasser auflösen.

Unter die Eimasse ziehen.
● Die Sahne mit Zucker steif schlagen, gleichmäßig unterheben, dann die Masse in eine Schüssel füllen und mind. 8 Stunden lang kalt stellen.

● Zum Servieren mit einem kalt abgespülten Esslöffel große Nocken abstechen, diese auf Serviertellern anrichten und nach Belieben mit einer Fruchtsauce garnieren.

Mousse von Kokosnuss

(für 4 - 6 Portionen)

4 Eigelb (Eidotter)	1/2 l süße Sahne (Schlagobers)
80 g feiner Zucker	8 cl Kokosnusscreme (Likör)
5 Blatt weiße Gelatine	2 - 3 EL Kokosraspel
1 - 2 EL Zucker	

● Eigelb und Zucker in eine Rührschüssel geben, mit dem Elektroquirl einige Minuten lang rühren, bis der Zucker sich gelöst hat und die Masse sehr cremig ist. Zuletzt die Kokosnusscreme unterziehen.

● Die Gelatine ca. 5 Minuten lang in kaltem Wasser einweichen, ausdrücken und anschließend in wenig heißem Wasser auflösen. Unter den Eischaum ziehen.

● Die Sahne mit Zucker sehr steif schlagen, ebenfalls gleichmäßig unterziehen, dann die Creme in eine Schüssel füllen. Mindestens 8 Stunden lang kalt stellen.

● Zum Servieren mit einem kalt abgespülten Esslöffel große Nocken abstechen, diese auf Serviertellern anrichten und mit Kokosraspeln bestreuen.

Crème brûlée

(für 4 Portionen)

3/8 l süße Sahne (Schlagobers)	1 Prise Salz
6 Eigelb (Eidotter)	ausgekratztes Mark 1/2 Vanilleschote
100 g feinster Zucker	brauner Zucker

● Die Sahne in einen Kochtopf geben und auf der Kochstelle langsam erwärmen. Inzwischen die Eigelb mit dem Zucker in einer Rührschüssel sehr cremig aufschlagen, hierzu am besten den Elektroquirl einsetzen. Mit Salz und Vanillemark abrunden.

● Die Eigelb langsam in die Sahne geben, mit einem Schneebesen so lange rühren, bis die Masse cremig wird.

● Diese auf 4 hitzebeständige, backofenfeste sowie möglichst flache Gratinschalen verteilen. Fest werden lassen, dann kühl stellen.

● 1 - 2 Stunden vor dem Servieren aus dem Kühlschrank nehmen, mit braunem Zucker bestreuen und im Backofen unter dem vorgeheizten Grill schmelzen lassen.

Tipp:
Ist die Creme im Backofen, die Oberseite regelmäßig kontrollieren, damit die Bräunung nicht zu stark wird. Die „Crème brûlée" ist eine französische Spezialität und heißt eigentlich „gebrannte Creme".

Quark (Topfen)-Fruchtdessert

(für 4 Portionen)

750 g Sahnequark (vollfetter Topfen)	80 g frische Himbeeren
Milch	Saft und abger. Schale 1/2 unbehandelten Zitrone
80 g frische Brombeeren	einige Himbeeren und Brombeeren sowie frische Minze als Garnitur
100 g Zucker	

● Den Quark in 3 Portionen teilen. Die Brombeeren und Himbeeren getrennt mit je 30 g Zucker pürieren und getrennt unter 2 Quarkportionen rühren. Ggf. etwas Milch dazugeben, damit die Mischung cremig wird.

● Den restlichen Quark mit dem restlichen Zucker sowie mit Zitronensaft und -schale verrühren, bei Bedarf etwas Milch dazugeben.

● Die so vorbereiteten Mischungen schichtweise in Serviergläser füllen, kühl stellen und mit Beeren sowie Minze garniert servieren.

Birnen-Joghurt-Terrine

(für 4 - 6 Portionen)

500 g nicht zu reife Birnen	6 Blatt weiße Gelatine
ca. 100 ml Birnensaft	250 g Vollmilchjoghurt
150 g feiner Zucker	1 - 2 EL Birnengeist
abgeriebene Schale 1 unbehandelten Zitrone	6 EL geh. Mandeln

● Die Birnen waschen, trocken reiben, dann vierteln, entkernen, schälen und grob würfeln. Mit Birnensaft, Zucker und Zitronenschale leicht andünsten. Sie sollen dann nicht zu weich sein.

● Die Gelatine in reichlich kaltem Wasser einweichen, ausdrücken und in der Birnenmischung auflösen, die Masse etwas abkühlen lassen.

● Den Joghurt mit Birnengeist sowie 4 EL gehackten Mandeln verrühren und unter die Birnenmischung ziehen.

● Diese in eine mit kaltem Wasser ausgespülte Terrinenform füllen und im Kühlschrank mind. 5 Stunden lang – oder besser über Nacht – fest werden lassen.

● Die Terrine stürzen, mit den restlichen Mandeln bestreuen und mit einer Erdbeersauce (s. S. 78) servieren.

Joghurt-Kirsch-Dessert

(für 3 - 4 Portionen)

siehe Abb. Seite 1

125 g Kirschen	3 EL Rotwein
50 g Puderzucker (Staubzucker)	2 EL Kirschlikör
175 g Vollmilchjoghurt	125 g geschlagene Sahne (Obers)
6 Blatt weiße Gelatine	Kirschen als Garnitur

● Die Kirschen im Mixer pürieren, dann mit Puderzucker und Joghurt glattrühren.

● Die Gelatine in reichlich kaltem Wasser einweichen, gut ausdrücken, im leicht erhitzten Rotwein auflösen und zusammen mit dem Likör unter die Kirsch-Joghurtmasse rühren.

● Wenn die Masse zu gelieren beginnt, die geschlagene Sahne unterziehen.

● In kalt ausgespülte Förmchen oder Gläser füllen und mind. 4 Stunden oder besser über Nacht im Kühlschrank fest werden lassen.

● Nach Belieben aus den Förmchen auf Servierteller stürzen, mit Kirschen garnieren und mit einer Mandelsauce (s. S. 78) servieren.

Buttermilch-Gelee

(für 4 Portionen)

500 ml Buttermilch	75 g Zucker
6 EL frisch gepreßter Orangensaft	6 Blatt weiße Gelatine
	100 g Heidelbeeren

● Buttermilch, Zucker und Orangensaft verrühren.

● Die Gelatine einweichen, gut ausdrücken, dann bei milder Hitze in einem weiten Topf langsam auflösen. Unter die Buttermilchmischung rühren.

● In dekorative Gläser füllen und mindestens 4 Stunden lang, am besten jedoch über Nacht, im Kühlschrank fest werden lassen.

- Mit gewaschenen, gut abgetropften Heidelbeeren servieren.

Warme Puddinge

Ein typischer, warmer Pudding wird in einer Form mit Deckel im Wasserbad gekocht. Dabei müssen beide Teile – Form und Deckel – von innen gut eingefettet und mit Semmelbröseln oder Grieß ausgestreut werden, damit die Masse nicht anklebt und der Pudding sich gut stürzen lässt. Nach dem Einfüllen die Form stets einige Male auf ein feuchtes Tuch stoßen, damit der Pudding gut zusammenhält und beim Stürzen nicht brechen kann. Die Form nur zu 3/4 voll füllen, da die Masse während des Garens noch hochsteigt. Das Wasserbad (Kochtopf mit Wasser) soll gut zur halben Höhe der Form reichen. Die Wasser-Temperatur möglichst gleichmäßig halten. Nach Ablauf der Garzeit die geschlossene Form mit kaltem Wasser abschrecken und vor dem Stürzen noch ca. 5 Minuten lang stehen lassen, dann löst sich der Pudding leichter aus der Form.

Semmelpudding

(für 6 Portionen)

5 altbackene Semmeln
1/4 l lauwarme Milch
60 g weiche Butter
80 g Zucker
5 Eier, getrennt
3 EL Rum
40 g Rosinen (Weinbeeren)
abgeriebene Schale 1/2 unbehandelten Zitrone
60 g gestiftelte Mandeln
etwas gehacktes Zitronat und Orangeat
weiche Butter und Semmelbrösel für die Form

- Die Semmeln auf einer Reibe abreiben, dann feinblättrig aufschneiden, in eine Schüssel geben, mit

Milch begießen und durchziehen lassen.
● Butter, Zucker und Eigelb so lange schaumig rühren, bis der Zucker sich gelöst hat. Hierzu am besten den Elektroquirl mit Schlägern einsetzen.
● Nach und nach die Semmeln mit der restlichen Milch sowie alle anderen Zutaten dazugeben. Eiweiß steif schlagen und vorsichtig unterziehen.
● Die Puddingform mit Butter einfetten und mit Semmelbröseln ausstreuen, dann die Semmelmasse einfüllen und die Form verschließen.
● Ca. 60 - 70 Minuten lang im leicht siedenden Wasserbad kochen. Kurz abdämpfen, auf eine mit kaltem Wasser abgespülte Platte stürzen und servieren.

Tipp:
Zum Semmelpudding passt am besten eine Erdbeer- oder Weinschaumsauce (s. S. 78).

Quark (Topfen)-Pudding

(für 6 Portionen)

50 g weiche Butter	1 EL Vanillezucker
150 g Zucker	50 g gem. Mandeln
4 Eier, getrennt	50 g Rosinen (Weinbeeren)
400 g abgetropfter Quark (Topfen)	75 g Stärkemehl
1 Prise Salz	weiche Butter und Semmelbrösel für die Form

● Die weiche Butter zusammen mit dem Zucker und den Eigelben in einer Rührschüssel so lange schaumig rühren, bis der Zucker gelöst ist. Hierzu am besten den Elektroquirl mit Schlägern einsetzen.
● Eiweiß zu steifem Schnee schlagen, beiseite stellen.

● Alle übrigen Zutaten zur Eimasse geben und durchrühren, zuletzt den Eischnee vorsichtig unterziehen.

● Die Puddingform und den Deckel mit Butter

einfetten und mit Semmelbröseln ausstreuen.

● Die Masse einfüllen, dann den Deckel schließen und die Form in leicht siedendem Wasserbad ca. 70 Minuten lang kochen lassen.

● Den Pudding kurz abdämpfen, dann auf eine kalt abgespülte Platte stürzen.

„Mohr im Hemd“

– Köstlicher Nusspudding –

80 g weiche Butter	1 Prise Salz
100 g feiner Zucker	200 ml süße Sahne (Schlagobers)
1 Pa Bourbon-Vanillezucker	1 - 2 EL Zucker
4 Eier	2 EL geraspelte Schokolade
100 g dunkle Kuvertüre oder Halbbitter-Schokolade	Butter und Semmelbrösel für die Form
100 g gem. Mandeln	Backpapier
3 - 4 EL Semmelbrösel	

● Zunächst eine typische Wasserbad-Puddingform (mit Deckel) einfetten und mit Semmelbröseln ausstreuen, dann die Form drehen und die überflüssigen Brösel ausklopfen. Kühl stellen.

● Butter mit Zucker sowie Vanillezucker in eine Rührschüssel geben und einige Minuten lang mit dem Elektroquirl schaumig schlagen, bis der Zucker gelöst ist.

● Die Eier trennen, nach und nach die Eigelbe unter die Buttermasse rühren.

● Die Kuvertüre oder Schokolade in einem kleinen Topf auf niedriger Stufe schmelzen. Löffelweise, zusammen mit den gemahlenen Mandeln und den Semmelbröseln unter die Eimasse rühren.

● Die Eiweiß mit 1 Prise Salz sehr steif schlagen, dann unterheben.

● Die Puddingform bis zu 3/4 der Höhe mit der Teigmasse füllen und den Deckel schließen.

● Ein Stück Backpapier in einen mittelgroßen, hohen Kochtopf legen, die Form darauf stellen und ca. 1 Liter heißes Wasser dazugießen. Die Form sollte dann zu zwei Dritteln im Wasser stehen.

● Den Pudding bei mittlerer Einstellung ca. 60 - 70 Minuten garziehen lassen, dabei darf das Wasser nicht sprudelnd kochen, sonst bilden sich Luftbläschen im Teig.

● Inzwischen die Sahne mit Zucker steif schlagen.

● Die Form aus dem Kochtopf nehmen, ca. 5 Minuten stehen lassen, dann öffnen und den Pudding auf eine Servierplatte stürzen.

● Die Schlagsahne mit geraspelter Schokolade bestreuen und dazu servieren.

Englischer Gewürzpudding

(für 6 Portionen)

3 Eier, etwas Salz	75 g feiner Zucker
75 g Butter	1 Pa Vanillezucker

ie 1/2 TL gem. Zimt und Nelken	50 g Semmelbrösel
1 EL Kakaopulver	4 - 5 EL Rotwein
40 g gem. Mandeln	Fett, Zucker und Alufolie für die Förmchen
25 g Orangeat	3 EL gehackte Mandeln
50 g Lebkuchen	1 Sternfrucht als Dekoration

● Die Eier trennen, die Eigelbe mit Butter, Zucker und Vanillezucker in eine Rührschüssel geben, mit dem Elektroquirl mehrere Minuten lang schaumig

schlagen, bis der Zucker sich vollständig gelöst hat und die Masse cremig ist.

● Gewürze, Kakao, gemahlene Mandeln und Orangeat unterrühren.

● Den Lebkuchen zerbröseln, mit den Semmelbröseln mischen und mit Rotwein tränken, dann unter die Masse ziehen.

● Eiweiß mit einer Prise Salz steif schlagen und unterheben.

● Die Förmchen fetten, mit Zucker ausstreuen und die gehackten Mandeln darauf verteilen, dann die Masse einfüllen und einzeln mit Alufolie abdecken. Diese an der Oberseite mehrfach einstechen, dann in eine Form setzen und so viel heißes Wasser einfüllen, dass die Förmchen zu zwei Drittel darin stehen.

● Im unteren Drittel des auf 180 - 200 °C vorgeheizten Backofens in 35 - 45 Minuten garen, herausnehmen und noch ca. 10 Minuten stehen lassen.

● Die Förmchen stürzen, den Pudding umdrehen und mit Sternfruchtscheiben garnieren.

Tipp:
Zum Gewürzpudding passt auch gut eine Rotweinsauce (s. S. 59)

Orangen-Grießpudding/ Grießflammerie

(für 6 Portionen)

siehe Abb. Seite 19

75 g weiche Butter	2 EL Rum
1 Pa Bourbon-Vanillezucker	500 g Quark (Topfen), Vollfettstufe
1 Pa Orange-back nach Belieben	75 - 80 g Grieß
100 g feiner Zucker	3 Eiweiß (Eiklar)
3 Eigelb (Eidotter)	1 Prise Salz
abgeriebene Schale und Saft 1 unbehand. Zitrone	Fett und Semmelbrösel für die Puddingform

● Butter, Vanillezucker, Orange-back sowie Zucker in eine Rührschüssel geben. Mit dem Elektroquirl mit Schlägern so lange rühren, bis der Zucker gelöst und die Masse sehr schaumig ist. Das kann 6 - 8 Minuten dauern.

● Nach und nach Eigelb, Zitronenschale und -saft, Rum, Quark und Grieß unterrühren.

● In einer zweiten Schüssel mit sauberen Schlägern das Eiweiß zusammen mit einer Prise Salz steif schlagen, mit Hilfe eines Schneebesens unter die Grießmasse heben.

● Eine Wasserbad-Puddingform gleichmäßig einfetten, dann mit Semmelbröseln ausstreuen. Überschüssige Semmelbrösel durch Stürzen der Form entfernen.

● Die Grießmasse einfüllen, dann die Form fest verschließen und in einen hohen Kochtopf setzen. So viel heißes Wasser in den Topf gießen, dass die Form zu zwei Dritteln im Wasser steht. Den Topf mit einem Deckel verschließen, dann das Wasser auf höchster Stufe zum Kochen bringen, anschließend reduzieren und den Flammerie bei niedriger Einstellung in ca. 1 1/4 Stunden garziehen lassen. Zuletzt die Kochstelle abschalten und weitere 15 Minuten abwarten.

● Die Form aus dem Topf nehmen, öffnen. Den Flammerie vorsichtig auf eine bereitgestellte Servierplatte stürzen und ausdampfen lassen.

Tipp:
Zum Grießflammerie passt am besten eine fruchtige Erdbeersauce. Das passende Rezept finden sie auf der Seite 78. Übrigens können Sie auch ca. 100 g gut gewaschene, abgetropfte und in Mehl gewälzte Rosinen (Weinbeeren) unter die Grießmasse mischen.

Gebackene Süßspeisen

Nehmen Sie zum Backen von Pfannkuchen oder Crépes eine spezielle Pfanne, die Sie am besten nur für Eiergerichte verwenden. Gut geeignet sind beschichtete Pfannen. Das Fett sollte stets hitzestabil sein. Öl, Margarine oder Pflanzenfett kommen hierbei in die engere Auswahl. Geben Sie immer nur wenig Fett in die Pfanne. Zum Abmessen der Teigmenge am besten eine Saucenkelle verwenden. Die Pfanne nach dem Einfüllen des Teiges drehen, damit die Masse sich gleichmäßig verteilt. Der Teig selbst muss genügend Zeit zum Quellen haben, d.h. man lässt ihn nach dem Anrühren noch mindestens 30 Minuten lang stehen. Pfannkuchen immer von beiden Seiten backen. Zum Wenden am besten einen flachen Topfdeckel einsetzen.

Crépes sind feine, dünne Eierkuchen, eine französische Spezialität, die meist in einer speziellen Pfanne zubereitet werden. Wenn man Sie sehr dünn ausbäckt, so gelingt dies aber auch in einer herkömmlichen, beschichteten Pfanne.
Für Waffeln benötigen Sie ein elektrisches Waffeleisen, das vorgeheizt und mit Fett bestrichen wird. 1 - 3 EL Teig pro Waffel gibt man dann in die Mitte, verstreicht ihn leicht und schließt das Eisen sofort, damit sich der Teig sogleich verteilt.
Die optimale Zeit richtet sich nach der eingestellten Temperatur. Heiße, fertig gebackene Waffeln, nebeneinander auf einem Kuchengitter auskühlen lassen und nicht stapeln, sonst werden sie zu weich.

Aufläufe und Soufflées gehören zu den leckeren, leichten Gerichten, die aus einer Eimasse zubereitet und dann in einer hitzebeständigen Form im Backofen gebacken werden. Sie sind aber auch sehr empfindlich und fallen leicht zusammen. Man sollte daher die Backofentür keinesfalls öffnen. Immer gilt: möglichst frische Eier verwenden und bei kleinen Eiern lieber ein Eiweiß (Eiklar) mehr verwenden. Zum Backen eignen sich feuerfeste Formen aus Glas oder Porzellan in verschiedenen Größen. Soufflées immer schnell servieren und stets Zugluft vermeiden.

Crépes Suzette (flambierte Crépes)

(für 4 Portionen)

<u>Crépes:</u> 100 g Mehl	2 EL Zucker
3 Eier, 1/8 l Milch	12 Stückchen Würfelzucker
1 EL Puderzucker (Staubzucker)	abgeriebene Schale je 1/2 unbehandelten Zitrone und Orange
1 Prise Salz	Saft 1 Zitrone
30 g zerlassene Butter	Saft von 2 Orangen
20 g Butter zum Ausbacken	2 Gläschen Grand Marnier
<u>zum Flambieren:</u> 30 g Butter	4 Gläschen Cognac

● Zunächst die Crépes backen. Hierzu das Mehl mit allen Zutaten glattrühren und zuletzt die zerlassene Butter unterziehen. Mindestens 1 Stunde lang ruhen lassen.

● Eine beschichtete Pfanne erhitzen, dünn mit Butter einstreichen, dann den Boden mit einer sehr dünnen Teigschicht bedecken und den Teig in der Pfanne gleichmäßig verteilen. Kleine, hellgelbe Crépes ausbacken, diese zweimal falten und im Backofen bei 70 °C warmhalten.

● In einer Flambierpfanne die Butter erhitzen, Zucker und Würfelzucker hinzugeben und leicht karamelisieren lassen.

● Mit Zitronen- sowie Orangensaft ablöschen, diesen einkochen lassen, Grand Marnier zugeben.

● Die Crépes nebeneinander in die Sauce geben, erhitzen, den Cognac darüber verteilen, dann vorsichtig mit einem langen Streichholz anzünden (flambieren).

● Die Crêpes auf vorgewärmten Tellern anrichten und dabei mit der restlichen Sauce überziehen.

Tipps:
Zum Flambieren eine sehr hitzebeständige Pfanne aus Edelstahl oder Guss verwenden. Sie darf nicht beschichtet sein. Der Alkoholgehalt des Cognacs sollte mindestens 42% betragen. Den Alkohol immer vor dem Zugießen abmessen, niemals aus der Flaschen nachgießen (Verbrennungsgefahr!). Die Speisen müssen beim Flambieren heiß sein, sonst brennt der Alkohol nicht.

Mandel-Souflée
(für 4 Portionen)

Butter und Zucker für die Förmchen	2 EL Amaretto (Mandellikör)
50 g fein gem. Mandeln	100 ml süße Sahne (Schlagobers)
3 Eigelb (Eidotter)	2 Eiweiß
50 g Zucker	etwas Zitronensaft

● Vier kleine Souflée-Förmchen à 200 ml Inhalt gleichmäßig ausfetten und mit Zucker ausstreuen. Überschüssigen Zucker durch Umdrehen der Förmchen entfernen.

● Die Mandeln ohne Fettzugabe in einer beschichteten Pfanne goldgelb rösten, abkühlen lassen.

● 2 Eigelb, ca 20 g Zucker und den Amaretto in eine hitzebeständige Schüssel z.B. aus Edelstahl geben und die Eimasse über einem heißen Wasserbad (großer Kochtopf mit siedendem, jedoch nicht sprudelndem Wasser) cremig aufschlagen. Hierzu am besten einen Schneebesen verwenden.

● Nach und nach die Sahne dazugießen, dabei beständig weiterschlagen, bis die Masse schön

dicklich ist. Die Schüssel aus dem Wasserbad nehmen, dann das restliche Eigelb und die Mandeln vorsichtig unterheben.

● Das Eiweiß mit Zitronensaft und dem restlichen Zucker sehr steif schlagen. Ein Drittel des Eischnees unter die Ei-Mandelmasse rühren, den restlichen Schnee locker unterheben.

● Inzwischen den Backofen auf 160 - 180 °C vorheizen.

● Die vorbereitete Soufflée-Masse am besten mit einem Esslöffel auf die Förmchen verteilen und im unteren Drittel des Backofens in 30 - 35 Minuten goldbraun backen.

● Das Soufflée in den Förmchen servieren oder auf Teller stürzen und sofort wieder umdrehen. Lauwarm genießen.

Tipps:
Während das Soufflée im Backofen ist, die Tür keinesfalls öffnen, sonst fällt das luftige Gebilde zusammen. Sie können das Mandel-Soufflée mit ganzen, karamelisierten Mandeln dekorieren oder eine beliebige Fruchtsauce dazu reichen. Besonders raffiniert schmeckt eine Kirschsauce dazu. Das passende Rezept finden Sie auf der Seite 77. Wenn Sie 2 EL Kakao unter die Masse rühren, erhalten Sie ein dunkles Schokoladen-Soufflée.

Schaumomelett mit Früchten

(für 4 Portionen)

Füllung: 500 g frische Erdbeeren	1 Pa Vanillezucker
250 g Sauerkirschen	3 TL Stärkemehl
30 g Zucker	abgeriebene Schale 1 unbehandelten Zitrone
2 Pa Vanillezucker	60 g Butterschmalz
1 EL Kirschlikör	Garnitur: 3 - 4 TL Puderzucker (Staubzucker)
Omeletts: 8 Eier	Zitronenmelisse
1 Prise Salz	

● Für die Füllung die Früchte waschen und gut abtropfen lassen. Die Erdbeeren putzen, je nach Größe halbieren oder in Stücke schneiden. Die Kirschen entkernen. Die Früchte mit Zucker, Vanillezucker und Kirschlikör in einer Schüssel verrühren. Durchziehen lassen.

● Für die Omeletts die Eier trennen, Eiweiß mit Salz und Vanillezucker sehr steif schlagen. Die Eigelbe hinzufügen und das Stärkemehl darüber sieben. Alles vorsichtig mit

einem Schneebesen vermischen.

● In einer beschichteten Pfanne portionsweise das Butterschmalz erhitzen und bei geringer Wärmezufuhr nacheinander 4 Omeletts bei geschlossenem Deckel von der Unterseite goldgelb backen. Die Oberseite sollte nur gestockt und noch leicht „feucht" sein. Auf Dessertteller gleiten lassen.

● Jedes einzelne Omelett zur Hälfte mit den Früchten füllen, dann umklappen mit Puderzucker bestäuben und mit Zitronenmelisse garnieren.

Tipps:
Während des Weiterbackens können sie die fertig gefüllten Omeletts im auf 50 °C vorgeheizten Backofen warmhalten oder Sie backen die Masse in zwei Pfannen aus. Erst kurz vor dem Servieren mit Puderzucker bestäuben.

Gefüllte Topfen-Palatschinken
(Quarkpfannkuchen)

- 200 g Mehl
- 250 ml Milch
- 100 g süße Sahne (Schlagobers)
- 7 Eier
- 1 Prise Salz
- 100 g Zucker
- Fett zum Ausbacken
- 100 g Rosinen (Weinbeeren)
- 2 EL Rum oder Cognac
- 120 g weiche Butter
- 1 Pa Vanillezucker
- 1 TL abgeriebene Zitronenschale
- 500 g Topfen (Sahnequark)

● Für die Palatschinken Mehl, Milch, Sahne, Salz, 3 Eier und 1 EL Zucker in einer Rührschüssel mit dem Elektroquirl gleichmäßig verrühren und ca. 1 Stunde lang ruhen lassen.

● Die Rosinen mehrmals gründlich waschen, abtropfen lassen, in eine kleine Schüssel geben und mit Rum oder Cognac marinieren.

● Die Butter mit dem restlichen Zucker, Vanillezucker und Zitronenschale so lange schaumig rühren, bis der Zucker sich gelöst hat. Dann erst nach und nach die übrigen Eier unterrühren. Topfen (Quark) sowie Rosinen dazugeben und nochmals gut durchrühren. Die Masse kalt stellen.

● Für die Zubereitung der Palatschinken das Ausbackfett am besten in einer unbeschichteten Pfanne erhitzen, so viel Teig hineingeben, dass der Pfannenboden bedeckt ist. Goldgelb backen, dabei die Pfanne leicht rütteln, damit der Teig nicht ansetzen kann. Dann umdrehen und von der anderen Seite fertig backen. Fertige Palatschinken übereinander auf einen Essteller geben und im auf 80 °C vorgeheizten Backofen warmhalten.

● Zuletzt jeden einzelnen Palatschinken mit der Topfencreme bestreichen, aufrollen, auf Desserttellern anrichten und lauwarm servieren.

Waffelröllchen mit Heidelbeeren

(für 4 - 6 Portionen)

100 ml schwarzer Johannisbeer (Ribisel)-Saft	150 g Puderzucker (Staubzucker)
2 EL Zitronen- oder Limettensaft	1 1/2 Pa Vanillezucker
100 g feiner Zucker	2 Eier, 100 ml Milch
1 Msp. gem. Zimt	250 g Mehl
2 EL Rum (hochprozentig)	60 g flüssige Butter
250 g Heidelbeeren	250 g süße Sahne (Schlagobers)

● Johannisbeer- und Zitronen- oder Limettensaft mit 80 g Zucker sowie dem Zimt ca. 4 - 5 Minuten in einem Kochtopf einkochen lassen. Den Rum hinzufügen, vorsichtig anzünden und abbrennen lassen. Die Heidelbeeren verlesen, waschen, gründlich abtropfen, in die Sauce geben und unterrühren. Zum Abkühlen beiseite stellen.

● Puderzucker mit 1/2 Päckchen Vanillezucker und den Eiern in einer Rührschüssel unter Verwendung des Elektroquirls sehr schaumig rühren. Nach und nach die Milch und das gesiebte Mehl zufügen, weiterrühren und zuletzt die inzwischen abgekühlte Butter unterziehen.

● Portionsweise in einem gefetteten Hörnchen-Waffeleisen dünnen Waffeln ausbacken und diese nach dem Herausnehmen sofort über ein Rundholz (etwa 3 cm Ø) legen und aufrollen.

● Die Sahne mit dem restlichen Zucker sowie Vanillezucker steif schlagen, in einen Spritzbeutel füllen, von beiden Seiten in die Waffelrollen spritzen.

● Die Heidelbeersauce auf Desserttellern anrichten, dann die Waffelröllchen aufsetzen.

Tipp:
Falls Sie kein spezielles Hörnchen-Waffeleisen besitzen, so können Sie den Teig als dünne Pfannkuchen ausbacken, diese dann mit der Vanillesahne bestreichen, aufrollen und wie beschrieben servieren.

Mandelwaffeln mit Himbeercreme

(für 4 Portionen)

siehe Abb. Seite 29

125 g Butter	80 g Stärkemehl
100 g feiner Zucker	2 TL Backpulver
1 Pa Vanillezucker	125 g süße Sahne (Schlagobers)
4 Eier, 1 Prise Salz	100 g gem. Mandeln
75 g Mehl	

- 00 g Sahnequark (Topfen)
- EL Puderzucker (Staubzucker)
- 1 - 2 EL Himbeersirup
- 5 EL Himbeer-Konfitüre
- 50 g frische Himbeeren

Die Butter in einer leinen Pfanne schmelzen, ann in eine Rührschüssel eben, etwas abkühlen assen. Zucker, Vanille-ucker, Eier sowie Salz azugeben und die Mischung einige Minuten ang mit dem Elektroquirl ühren, bis eine cremige Masse entsteht und ler Zucker vollständig gelöst ist.

Mehl mit Stärkemehl und Backpulver mischen. Zusammen mit der Sahne nach und nach zur Ei-masse geben, dann die gemahlenen Mandeln unterziehen.

● Aus diesem Teig in einem gefetteten Waffel-eisen herzförmige Waffeln backen, auskühlen lassen.

● Für die Creme Quark mit Puderzucker, Himbeersirup und Konfitüre glattrühren. Die Waffeln in einzelne Herzchen teilen, mit der Himbeercreme bestreichen, zusammensetzen und mit frischen Himbeeren garnieren.

Quark (Topfen)-„Küchle“

(für 4 Portionen)

- 3 Eier, getrennt
- 75 g Zucker
- 1 EL Vanillezucker
- 500 g Quark (Topfen)
- 1 Prise Salz
- 150 g Grieß
- 50 g Rosinen nach Belieben
- 60 - 80 g Butterschmalz zum Ausbacken
- Zimt, Zucker zum Bestreuen

Eigelb mit Zucker und Vanillezucker in eine Schüssel geben und mit dem Elektroquirl sehr schaumig rühren.

● Quark, Grieß und nach Belieben die gewaschenen, gut abgetropften Rosinen unterrühren.

● Die Mischung ca. 30 Minuten lang ziehen lassen, dann den steif

geschlagenen Eischnee unterziehen.
● Das Butterschmalz in einer nicht zu großen Pfanne erhitzen. Mit einem nassen Esslöffel kleine „Küchle" abstechen und auf beiden Seiten langsam goldbraun ausbacken. Zum Anrichten mit Zimtzucker bestreuen.

Tipps:
Zu den Quark (Topfen)-„Küchle" servieren Sie am besten eine Erdbeersauce. Das passende Rezept finden sie auf der Seite 78. Sie können aus der Rezeptmenge auch einen Topfenschmarren zubereiten, dann ganze Eie[r] verwenden und die Masse in zwei Portionen aufteilen. Diese im heißen Fett ausbacken, zerteilen und fertigbacken.

Apfel-Küchle (Apfelschöberl)

(für 4 Portionen)

1/8 l Milch	150 g Mehl
2 Eier	Butterschmalz zum Ausbacken
1 Prise Salz	Zucker, Zimt zum Bestreuen
3 - 4 vollreife, jedoch eher feste Äpfel	

● Milch, Eier, Salz und Mehl in einer Rührschüssel zu einem dickflüssigen Backteig verarbeiten. Mindestens 30 Minuten lang zugedeckt stehen lassen.
● Die Äpfel waschen, vom Kerngehäuse befreien, in ca. 2 cm dicke Scheiben schneiden, in den Backteig eintauchen und sofort für einige Minuten in heißem Butterschmalz ausbacken.
● Herausheben, abtropfen lassen und mit Zimtzucker bestreut servieren.

Tipps:
Auf gleiche Weise können Sie auch „Holunder-Küchle" (Hollerschöberl) zubereiten. Wenn man dem Teig etwas weniger Milch, stattdessen Mineralwasser zusetzt, wird er knuspriger. Zum Ausbacken eignet sich auch ein hoch hitzebeständiges Öl, z.B. Sonnenblumenöl.

„Clafoutis" – franz. Kirschgratin

(für 2 Portionen)

50 g Butter	2 Eier
100 g feiner Zucker	30 g Mehl
300 g Süß- oder Sauerkirschen, frisch vorbereitet oder aus dem Glas	1/8 l Milch
2 cl Kirschlikör	1/8 l süße Sahne (Schlagobers)
30 g gestiftelte Mandeln	1 EL Puderzucker (Staubzucker)

● Eine kleinere, hitzebeständige sowie backofenfeste Auflaufform mit etwas Butter einfetten und mit 1 - 2 EL Zucker bestreuen. Die gewaschenen, entsteinten oder aus dem Glas abgetropften Kirschen in eine Schüssel geben, Kirschlikör und Mandelstifte darüber verteilen und gut durchmischen, dann in die Form geben.

● Eier, Mehl, Milch, Sahne

und Zucker in einer Rührschüssel mit dem Elektroquirl zu einem geschmeidigen, dünnflüssigen Teig verrühren. Diesen über die Kirschen in die Form gießen und Butterflöckchen darauf legen.

● Im auf 170 - 190 °C vorgeheizten Backofen ca. 45 - 55 Minuten goldbraun backen.

● Aus dem Backofen nehmen, ausdampfen lassen, dann mit Puderzucker bestäuben und lauwarm servieren.

Tipp:
Besonders raffiniert schmeckt dieses Dessert, wenn Sie unter die Teigmasse noch 30 - 50 g mit Zucker weichgerührtes Marzipan mischen. Zum „clafoutis" passt am besten eine Schokosahne, das ist geschlagene Sahne, die mit reichlich geraspelter Schokolade gemischt wird.

Zarte Cremes und klassische Flammeries (kalte Puddinge)

Cremespeisen werden stets bei milder Hitze, am besten über einem Wasserbad, aufgeschlagen. Mancherorts kennt man sie auch unter der Bezeichnung „Dunstcreme". Ihre Bindung erhält sie durch die Zugabe von vielen Eiern oder man verwendet für die Masse ganz einfach Gelatine. Die Bezeichnung „Flammerie" stammt vom englischen „flummery" und bedeutet eigentlich „Haferbrei". Er wird heute in der Regel aus Milch oder Saft unter Zugabe von Stärkemehl bzw. Grieß gekocht. Im Gegensatz zum warmen Pudding, der in einer Spezialform im Wasserbad gegart wird, bezeichnet man Flammeries auch als kalte Puddings. Nach dem Kochen kann die Masse in Formen gefüllt und nach dem vollständigen Auskühlen vorsichtig gestürzt werden. Sturzformen sind aus Steingut, Porzellan oder Metall erhältlich. Die köstlichen, eher weicheren Cremes serviert man am besten in dekorativen Portionsschälchen oder hohen, langstieligen Gläsern.

Bayerische Creme

1/4 l Milch	4 Blatt weiße Gelatine
1 Vanillestange	1/8 l süße Sahne (Schlagobers)
3 Eigelb (Eidotter)	2 TL Zucker
50 g feinster Zucker	

● Die Milch mit der aufgeschnittenen und ausgekratzten Vanillestange unter beständigem Rühren aufkochen.

● In einem zweiten Kochtopf Eigelb mit Zucker gleichmäßig verrühren. Die Vanillestange aus der Milch herausnehmen, dann die Vanillemilch langsam, unter beständigem Rühren zur Eimasse geben und erhitzen, jedoch nicht kochen. Dabei weiterrühren.

● Von der Kochstelle nehmen.

● Die Gelatine ca. 5 Minuten in kaltem Wasser einweichen, ausdrücken und in die Milch-Eicreme geben. Rühren, bis sie sich vollständig aufgelöst hat.

● Die Masse abkühlen lassen, dann in den Kühlschrank stellen, Bevor sie zu gelieren beginnt, mit Zucker steif geschlagene Sahne gleichmäßig unterziehen.

● Nun die Creme in eine mit kaltem Wasser ausgespülte Form füllen und erstarren lassen.

● Zum Anrichten die Form kurz in heißes Wasser eintauchen, dann die Creme auf eine kalt abgespülte Platte stürzen.

● Nach Belieben mit frischen Früchten oder einer Fruchtsauce servieren.

Variation:
„Charlotte russe“
(für 6 - 8 Portionen)

Bereiten Sie die Creme wie beschrieben in doppelter

Menge zu. Bevor Sie die Sahne - mit 2 EL Rum verrührt - unterziehen, den Rand einer kleinen Springform auf eine Tortenplatte stellen und innen mit an der Spitze glatt geschnittenen Löffel-Biskuits (eng nebeneinander gesetzt) auskleiden. Dann die Rum-Sahne unter die gelierende Creme ziehen, diese vorsichtig, am besten löffelweise in die Form füllen, glattstreichen und im Kühlschrank erstarren lassen. Vor dem Servieren den Formenrand lösen. Die Torte nach Belieben mit frischen Früchten verzieren.

Joghurt-Limonencreme in der Mandeltulpe

(für 4 - 6 Portionen)

Mandeltulpen: 150 g feiner Zucker, 1 Prise Salz	Saft von 1 Limone (ersatzweise Zitrone)
75 g Mehl, 3 Eiweiß (Eiklar)	200 ml süße Sahne (Schlagobers)
60 g gehobelte Mandeln	2 TL Zucker
75 g Butterschmalz	Außerdem: 250 g Himbeeren
Joghurt-Limonencreme: 3 Blatt weiße Gelatine	50 g Puderzucker (Staubzucker)
2 cl Himbeergeist	Butterschmalz und Mehl zum Backen
300 g Joghurt (3,5% Fettgehalt)	ca. 200 g Himbeeren Zitronenmelisse als Garnitur
60 g Puderzucker (Staubzucker)	

● Zunächst die Mandeltulpen vorbereiten. Hierzu Zucker, Salz gesiebtes Mehl, Eiweiß und Mandeln glattrühren dann das Butterschmalz dazugeben und weiterrühren 1 Stunde lang kalt stellen.

● Den Backofen auf 180 °C vorheizen.

● 2 Backbleche mit Butterschmalz einfetten, mit Mehl bestäuben und Kreise mit einem Durchmesser von ca. 15 cm

darauf zeichnen. Darauf vorsichtig den Teig dünn auftragen.

● Nacheinander auf der mittleren Einschubhöhe in ca. 8 - 10 Minuten backen, bis die Plätzchen goldbraun geworden sind. Sofort mit einer Palette ablösen, heiß über große Tassen legen und zu „Tulpen" formen. Abkühlen lassen.

● Für die Creme die Gelatine ca. 10 Minuten lang in kaltem Wasser einweichen und im mit etwas Wasser gemischten, erwärmten Himbeergeist auf der Kochstelle in einem kleinen Topf auflösen.

● Joghurt, Limetten- oder Zitronensaft und Puderzucker cremig rühren. Die Gelatine dazugeben, dann die Sahne mit Zucker steif schlagen und unterziehen.

● Die Creme in 4 oder 6 gleichgroße Förmchen füllen (ersatzweise Tassen verwenden) und mindestens 2 Stunden lang im Kühlschrank durchziehen lassen.

● Für die Sauce 250 g Himbeeren mit 50 g Puderzucker pürieren, durch ein Sieb streichen.

● Zum Servieren die Himbeersauce als Spiegel auf 4 oder 6 Dessertteller verteilen.

● Die Creme-Förmchen kurz in heißes Wasser eintauchen, dann die Creme vorsichtig in die Mandeltulpen stürzen und diese auf die Himbeersauce setzen.

● Mit frischen Himbeeren und Zitronenmelisse garnieren. Sofort servieren.

Schokoladen-Mokkacreme

100g Mokka-Schokolade	80 g feiner Zucker
1/2 l Milch	1/4 l süße Sahne (Schlagobers)
40 g Stärkemehl	Mokkabohnen und Schokoladenraspeln als Garnitur
4 TL löslicher Espresso oder Mokka	

● Die Schokolade grob raspeln. Von der Milchmenge 5 - 6 EL abmessen und in eine kleine Schale geben. Stärkemehl dazugeben, glattrühren.

● Die restliche Milch in einem weiten Kochtopf erhitzen, dabei gelegentlich umrühren. Zucker, löslichen Espresso oder Mokka und die Hälfte der Schokolade in die warme Milch geben. So lange mit einem Schneebesen rühren, bis alle Zutaten zerschmolzen sind. Einmal aufkochen, von der Kochstelle nehmen, dann das angerührte Stärkemehl untermischen. Unter kräftigem Rühren mit dem Schneebesen ca. 1 Minute lang kochen lassen.

● Den Topf in ein kaltes Wasserbad setzen und die Creme abkühlen lassen, dabei immer wieder umrühren.

● Die Sahne steif schlagen und zusammen mit den restlichen Schokoladenraspeln gleichmäßig unter die Creme ziehen.
Diese dann in dekorativen Dessert-Gläsern anrichten und für ca. 2 Stunden in

den Kühlschrank stellen.

● Die Creme vor dem Servieren mit Mokkabohnen sowie Schokoladenraspeln garnieren.

Klassischer Vanille-Flammerie

(für 4 Portionen)

45 g Stärkemehl	1 Prise Salz
1 Eigelb (Eidotter)	etwas abgeriebene Zitronenschale
1/2 l Milch	50 g Zucker
1/2 Vanillestange	1 Eiweiß (Eiklar)

● Das Stärkemehl mit etwas Milch und dem Eigelb anrühren. Die restliche Milch mit Vanillestange, Salz, Zitronenschale sowie Zucker zum Kochen bringen. Dabei gut beobachten und ständig rühren.

● Die Vanillestange herausnehmen. Dann das angerührte Stärkemehl unter beständigem Rühren dazugeben und aufkochen lassen.

● Eiweiß zu steifem Schnee schlagen und locker unter die Creme heben.

● Die Masse in eine mit kaltem Wasser ausgespülte Form geben und einige Stunden lang erkalten lassen.

● Zum Stürzen den Flammerie am Formenrand lösen, einen Teller mit kaltem Wasser abspülen und den Flammerie darauf geben. Mit Fruchtsauce servieren.

Kaffee-Kakao-Flammerie

(für 4 Portionen)

1 l Milch, 90 g Stärkemehl	50 g Kakaopulver
1 Prise Salz	100 g Zucker
2 - 3 geh. TL Pulverkaffee	1/2 Vanillestange

● Das Stärkemehl in genügend kalter Milch anrühren. Die restliche Milch mit Salz, Pulverkaffee sowie dem mit Zucker vermischten Kakao und der ausgekratzten Vanillestange zum Kochen bringen.

● Das angerührte Stärkemehl unter beständigem Rühren hineingeben und alles gut durchkochen lassen.

● Den Flammerie nun in eine mit kaltem Wasser ausgespülte Form füllen und erkalten lassen, dann für mehrere Stunden in den Kühlschrank stellen.

● Zum Stürzen den Flammerie vom Formenrand lösen, einen Teller mit kaltem Wasser abspülen und den Flammerie darauf geben.

● Nach Belieben mit flüssiger Sahne (Schlagobers) oder Vanillesauce servieren.

Zimtcreme mit Rotwein-Früchten

(für 6 Portionen)

1/4 l gehaltvoller, trockener Rotwein	5 Blatt weiße Gelatine
1 Stange Zimt, 1 Nelke	5 Eier
1 Zitronenscheibe	2 cl Weinbrand oder Cognac
180 g Zucker	2 EL gemahlener Zimt
300 g gemischte Trockenfrüchte z. B. Aprikosen, Pflaumen, oder Zwetschken, Kirschen, Birnen	50 g weiße Schokolade
1 gehäufter TL Stärkemehl	100 g Butter
	3/8 l süße Sahne (Schlagobers)

● Den Rotwein zusammen mit der Zimtstange, der Nelke, Zitronenscheibe sowie 90 g Zucker in einen kleinen Kochtopf geben, unter beständigem Rühren aufkochen bis der Zucker gelöst ist, dann zum Abkühlen beiseite stellen.

● Die gewaschenen, gut abgetropften und etwas kleingeschnittenen Trockenfrüchte in den Rotweinsud legen und mehrere Stunden lang – oder am besten über

Nacht – darin durchziehen lassen. Dann die Mischung erhitzen und mit in wenig kaltem Wasser angerührtem Stärkemehl binden.

● Die Gelatine ca. 5 Minuten lang in kaltem Wasser einweichen.

● Die Eier trennen, die Eigelbe mit dem restlichen Zucker, dem Weinbrand oder Cognac sowie dem Zimt sehr schaumig rühren. Hierzu am besten den Elektroquirl mit Schlägern einsetzen.

● Die Schokolade im Wasserbad oder in einem kleinen Topf bei milder Wärmezufuhr schmelzen. Die Butter dazugeben und einrühren.

● Die Sahne und Eiweiß sehr steif schlagen.

● Die Gelatine in wenig Wasser auflösen, unter Rühren wieder abkühlen, dann unter die Creme verteilen. Sobald diese zu gelieren beginnt, Sahne und Eischnee unterheben.

● Mindestens 4 Stunden im Kühlschrank durchziehen lassen. Zusammen mit den Rotwein-Früchten servieren.

„Zabaione“ (Italienische Weinschaumcreme)

(für 4 Portionen)

5 Eigelb (Eidotter), 1 Ei	2 EL feiner Zucker
1/8 l Marsala (italien. Dessertwein)	italien. Mandelgebäck z. B. Cantuccini oder Amaretti

● Damit die sehr hitzeempfindliche Creme nicht gerinnt, muss sie über einem Wasserbad aufgeschlagen werden. Hierzu einen mittelgroßen Topf zu ca. 1/3 mit Wasser füllen und bis kurz vor dem Kochen erhitzen, dann auf eine niedrige Stufe zurückschalten.

● Eigelb, Ei und Zucker in eine auf den Topf passende, hitzebeständige Schüssel z. B. aus Glaskeramik oder besser Metall geben und leicht verrühren. Nun die Schüssel in das Wasserbad geben, die Masse kurz erwärmen lassen, dann mit dem Elektroquirl mit Schlägern auf höchster Stufe ca. 3 - 5 Minuten lang kräftig aufschlagen.

● Nach und nach den Marsala in den hellgelben Eischaum gießen und weiterschlagen. Die Creme ist fertig, gerührt, wenn sie „schwer“ von einem Löffel tropft. Das dauert ca. 8 - 10 Minuten. Beim Aufschlagen auch den Randbereich der Schüssel einbeziehen.

● Die Zabaione noch warm in Dessertgläser oder -schalen füllen und sofort servieren.

● Italienisches Mandelgebäck dazu reichen.

Ingwer-Creme

(für 4 Portionen)

50 g kandierter Ingwer	200 g Schlagsahne (Schlagobers)
300 ml Milch	75 g feiner Zucker
6 Eigelb (Eidotter)	

1 Pa Bourbon-Vanillezucker

2 TL gem. Ingwer

1 TL abgeriebene Zitronenschale (unbehandelte Frucht)

● Den Ingwer fein würfeln, die Menge halbieren, dann auf kleine, hitzebeständige Förmchen verteilen.

● Die Milch mit Sahne, Eigelb, Zucker, Bourbon-

Vanillezucker, gemahlenem Ingwer und Zitronensaft in eine Rührschüssel geben. Mit dem Elektroquirl mit Schlägern kräftig verquirlen, dann in die Förmchen geben.

● Mit Alufolie abdecken, dann in ein Wasserbad setzen und dieses im auf 160 - 170 °C vorgeheizten Backofen geben. In ca. 30 Minuten stocken lassen.

● Mit den restlichen Ingwerwürfeln bestreuen. Warm oder kalt servieren.

Kaffee-Creme

(für 6 Portionen)

siehe Abb. Seite 43

- 6 Blatt weiße Gelatine
- 500 ml Milch
- 3 Eier, 150 g Zucker
- 75 ml Kaffee-Sahne-Likör
- 200 g Schlagsahne (Schlagobers)

Die Gelatine in eine Schüssel geben und in reichlich kaltem Wasser einweichen.

● Milch, Eier und Zucker in einen hohen, weiten Kochtopf geben. Bei mittlerer Hitze unter ständigem Rühren mit einem Schneebesen langsam erwärmen, bis eine cremig-schaumige Masse entsteht. Die Mischung darf keinesfalls kochen.

● Den Topf von der Kochstelle nehmen, die gut ausgedrückte Gelatine darin unter weiterem Rühren gleichmäßig auflösen. Zuletzt den Kaffee-Likör unterziehen, dann die Masse kaltstellen.

● Wenn sie zu gelieren beginnt, die Sahne steif schlagen und unterziehen.

● Nun die Creme in dekorative Portionsschälchen füllen und mind. 5 Stunden lang (oder besser über Nacht) im Kühlschrank fest werden lassen.
Mit Schoko- oder Kaffeekeksen garniert servieren.

Panna cotta

(für 4 Portionen)

- 2 Blatt weiße Gelatine
- 1 Vanilleschote
- 400 g süße Sahne (Schlagobers)
- 60 - 80 g Zucker
- 1 - 1 1/2 EL Amaretto nach Belieben

● Die Gelatine in wenig kaltem Wasser einweichen.

● Die Vanilleschote aufschlitzen, das Mark herauskratzen und zusammen mit der Sahne sowie dem Zucker in einen mittelgroßen Kochtopf geben. Langsam unter beständigem Rühren erhitzen, den Kochtopf von der Kochstelle nehmen, etwas abkühlen lassen. Dann die Sahne nach Belieben mit Amaretto abschmecken und die gut ausgedrückte Gelatine unter Rühren vollständig auflösen.

● Die Creme in 4 kalt ausgespülte Förmchen – à mind. 125 ml Inhalt – geben. Nach dem Auskühlen noch ca. 10 - 12 Stunden im Kühlschrank fest werden lassen.

Tipps:
Die „Panna cotta" ist ein typisch italienisches Dessert und bedeutet eigentlich „gekochte Sahne". Sie soll stets „auf der Zunge" zergehen und daher nicht zu fest sein. Sahne ist die Haupt-Zutat, möchten Sie jedoch die Menge reduzieren, so ersetzen Sie einen Teil der Sahne durch Vollmilch. Die Zuckermenge kann variieren. Die Förmchen stets sehr kalt ausspülen, damit die Masse sich später besser stürzen lässt. Die Panna cotta servieren Sie am besten auf pürierten Früchten oder mit einer Erdbeersauce. Das passende Rezept finden Sie auf der Seite 78. Immer gilt: nicht zu viel Gelatine verwenden, sonst wird die Creme zu fest.

Obst-Desserts

Obst ist nicht nur gesund, es läßt sich auch auf vielfältige Art und Weise zu köstlichen Desserts verarbeiten. Als gemischter Salat, in Cremespeisen, Grützen oder Gelees und flambiert oder gebraten kann Obst immer wieder eine köstlich-fruchtige Vielfalt bieten.
Für Desserts verwendet man am besten frische Früchte, aber auch gefrorenes Obst – vor allem Erdbeeren und Himbeeren – läßt sich verarbeiten. Die verschiedenen frischen Sorten stets erst kurz vor der Verwendung vorbereiten, d. h. waschen, schälen oder entkernen. So bleiben die Nährstoffe optimal erhalten. Gewürze wie Anis, Melisse, Vanille oder Zimt passen gut zu Obst. Zucker verschafft nicht nur Süße, er unterstützt auch das Aroma. Wein, Rum, Likör können ebenfalls den Eigengeschmack unterstützen, ohne den Fruchtgehalt zu verändern. Auch als Beilage oder Garnitur für Milchdesserts bzw. Puddinge ist frisches Obst eine unerläßliche Zutat. Ebenso die köstlich-raffinierten Fruchtsaucen.

Apfeldessert mit Mascarponecreme

(für 4 Portionen)

- 800 g süß-säuerliche Äpfel
- 1 Pa Bourbon-Vanillezucker
- 1/8 l trockener Weißwein
- 50 g brauner Zucker
- abger. Schale 1/2 unbehandelten Zitrone
- 500 g Mascarpone (ital. Frischkäse)
- 2 Eigelb (Eidotter)
- 50 g Puderzucker (Staubzucker)
- 100 g Mandelmakronen
- etwas Calvados

● Die Äpfel schälen, vierteln, vom Kerngehäuse befreien und in dicke Spalten schneiden. Zusammen mit Wein, Vanillezucker, Zucker und

Zitronenschale in einen Kochtopf geben. Bei milder Hitze ca. 8 - 10 Minuten dünsten. Abkühlen lassen.

● Die Eigelbe mit dem Puderzucker in eine Rührschüssel geben und unter Verwendung des Elektroquirls mit Schlägern sehr schaumig aufschlagen. Nach und nach den Mascarpone unterziehen.

● Die noch lauwarmen Äpfel mit der Mascarponecreme abwechselnd in Dessertschalen anrichten und mit Mandelmakronen garnieren. Zuletzt mit Calvados beträufeln.

Gebratene Bananen

(für 4 Portionen)

2 EL Butter	2 EL brauner Zucker
4 kleinere Bananen (nicht zu reif)	2 EL Zitronensaft
	3-4 EL Rum

● Die Butter in einer großen Pfanne schmelzen lassen. Die geschälten Bananen der Länge nach halbieren, etwa 2 1/2 - 3 Minuten lang braten und dabei einmal wenden.

● Den Zucker darüber streuen, ganz kurz schmelzen lassen, zuletzt mit Zitronensaft sowie Rum ablöschen.

● Auf vorgewärmten Desserttellern sofort servieren.

Tipp:
Zu den gebratenen Bananen können Sie auch Pistazien- oder Vanilleeis servieren.

Feigen in Portwein

(für 4 - 6 Portionen)

1/2 l Portwein	1 Stück Orangenschale (unbehandelte Frucht), in feinsten Streifen
1/2 Vanilleschote	500 g reife blaue Feigen
1 Msp. Zimt	
2 EL Zucker	

● Den Portwein mit der Vanilleschote, dem Zimt, den Orangenstreifen und Zucker in einen mittleren Topf geben. Einmal aufkochen, dann unter beständigem Rühren auf mittlerer Stufe eindampfen lassen, bis die Masse zähfließend ist.

● Die Feigen waschen, einzeln trocken reiben, mit einer Stricknadel mehrfach einstechen, in den Portwein geben, einmal aufkochen, dann bei niedriger Einstellung weich dünsten.

● Von der Kochstelle nehmen, in eine Schüssel umfüllen und auskühlen lassen.

● Zum Servieren die Feigen in Dessertschalen anrichten.

Tipps:
Zu den Feigen reichen Sie am besten Orangen- oder Vanilleeis und etwas Gebäck. Auch Pfirsiche oder Aprikosen (Marillen) schmecken ebenfalls sehr gut, wenn sie in Portwein gedünstet werden.

Flambierte Ananas

(für 4 Portionen)

- 4 Scheiben frische Ananas
- 40 g Butter
- 40 Zucker
- Saft von 2 Orangen
- 1 EL Aprikosenkonfitüre
- 2 Gläschen Cognac oder Rum
- 2 Gläschen Grand Marnier

● Die Ananasscheiben vorbereiten, die Butter in einer Flambierpfanne erhitzen, Zucker hinzugeben und leicht karamelisieren lassen.

● Mit Orangensaft ablöschen, die Aprikosenkonfitüre hinzufügen, dann die Ananasscheiben einlegen und kurz erhitzen.

● Den Alkohol darübergießen, vorsichtig flambieren, dann die Fruchtscheiben auf Tellern anrichten, mit der Sauce überziehen und sofort servieren.

Flambierte Kirschen auf Vanilleeis

(für 4 Portionen)

- 500 g Kirschen aus dem Glas
- ca. 80 g Zucker
- 1 Pa Bourbon-Vanillezucker
- etwas Zitronensaft
- 2 Likörgläser mit 54 % Rum
- 1/8 l süße Sahne (Schlagobers)
- 1 Pa Vanilleeis

● Die Kirschen abtropfen lassen, zusammen mit etwas Saft in eine hoch hitzebeständige Flambierpfanne (z. B. aus Kupfer oder Edelstahl) geben und mit Zucker sowie Zitronensaft unter Rühren aufkochen.

● Hat sich der Zucker gelöst, die Mischung mit Rum übergießen und vorsichtig anzünden. Hierzu am besten ein längliches Gas-Feuerzeug verwenden.

● Die Kirschen mit der Sahne ablöschen und

weiterrühren, bis der Saft andickt.

● Das Vanilleeis auf Dessertteller oder -schalen verteilen, die heißen Kirschen darübergeben und sofort servieren.

Mango-Traubendessert mit Joghurtcreme (für 4 Portionen)

siehe Abb. Seite 51

2 vollreife Mangos	2 EL Zucker
400 g reife, grüne Weintrauben	1 Pa Bourbon-Vanillezucker
150 g Sahnequark (Topfen)	2 - 3 EL Kokoslikör
150 g Vollmilchjoghurt	frische Minze als Garnitur

● Die Mangos schälen und am Kern entlang in Scheiben schneiden. Die Weintrauben gründlich waschen, trockenreiben, halbieren und entkernen.

● Quark, Joghurt, Zucker, Vanillezucker und Likör verrühren. Alle Zutaten gut durchkühlen lassen.

● Zum Servieren die Früchte mischen, auf dekorative Schalen verteilen, mit der Joghurtcreme überziehen und mit frischer Minze garniert servieren.

Quittencreme
(für 4 - 6 Portionen)

800 g vollreife Quitten	200 g Vollmilchjoghurt
100 ml trockener Weißwein	200 g süße Sahne (Schlagobers), 1 EL Zucker
100 g Zucker 1 EL Zitronensaft	gehackte Pistazien und Gebäckröllchen als Garnitur
3 Blatt weiße Gelatine	

● Die Quitten waschen, trockenreiben, dann halbieren, vierteln, entkernen und schälen. Mit Wein, Zucker und Zitronensaft weichkochen.

● Die Gelatine in reichlich kaltem Wasser einweichen, ausdrücken und in der heißen Quittenmischung

auflösen, durchrühren. Mit einem Pürierstab pürieren, dann gut auskühlen lassen.

● Die Mischung in eine Rührschüssel geben, den Joghurt mit dem Elektroquirl mit Schlägern kurz, aber gleichmäßig unterziehen.

● Die Sahne mit Zucker steif schlagen und vor dem Servieren unterziehen.

● Die Creme auf dekorative Schälchen oder Gläser verteilen und zuletzt mit Pistazien sowie Gebäckröllchen garnieren.

Gratinierter Rhabarber auf Vanilleeis

(für 6 Portionen)

600 g Rhabarber	500 ml Vanilleeis
100 ml trockener Weißwein	2 Eier
6 EL Zucker	1 - 2 EL Obstler oder Birnengeist
abgeriebene Schale 1 unbehandelten Zitrone	1 Pa Vanillezucker
150 g Amaretti (kleine Mandelmakronen)	150 g süße Sahne (Schlagobers)

● Den Rhabarber schälen, in Stücke schneiden und mit Weißwein, 2 EL Zucker sowie Zitronenschale kurz dünsten, so dass der Rhabarber noch nicht zerfällt. Abkühlen lassen.

● Die Amaretti im Mixer zerbröseln. Eine Hälfte davon in eine hitze- und kältefeste Auflaufform geben, das Vanilleeis in Scheiben schneiden, auf die Amarettibrösel legen, dann die Form wieder ins Tiefkühlfach stellen.

● Die Eier trennen, Eigelbe mit 2 EL Zucker sowie Vanillezucker schaumig rühren. Die Sahne steif schlagen, unterziehen.

● Die Eiweiß mit dem restlichen Zucker steif schlagen, dann das Eiweiß zusammen mit den übrigen Amarettibröseln unter die Eigelbcreme heben.

● Die Auflaufform aus dem Gefrierfach nehmen, auf dem Eis das Rhabarberkompott verteilen, dann mit dem Makronenschaum überziehen und im oberen Drittel des Backofens mit dem Grill ca. 3 - 5 Minuten goldbraun gratinieren, nach ca. der Hälfte der Zeit den Vorgang beobachten, damit die Masse nicht zu dunkel wird.

● Sofort servieren.

Fruchtsalat auf Mangopüree
(für 4 Portionen)

300 g frische Erdbeeren	4-5 EL Zucker, 1 Pa Vanillezucker
2 Kiwis	2 vollreife Mangos
1 Birne, 1 - 2 Äpfel	2 EL Puderzucker (Staubzucker)
200 g blaue Weintrauben	1 EL Limettensaft
Saft 1 Zitrone	50 g gehobelte Mandeln
2 - 3 EL Himbeergeist oder Obstler	

● Die Erdbeeren putzen, halbieren. Kiwis, Birne, Apfel schälen, Kiwis in Scheiben, Birne und Äpfel in Spalten schneiden.

● Die Trauben gründlich waschen, trocken reiben, halbieren und entkernen.

● Die Früchte mit Zitronensaft und Himbeergeist oder Obstler beträufeln und mit Zucker sowie Vanillezucker bestreuen, kalt stellen.

● Die Mangos schälen, das Fruchtfleisch rund um den Kern lösen, dann zusammen mit dem Puderzucker und dem Limettensaft im Mixer pürieren.

● Das Mangopüree auf Dessertteller verteilen, die Früchte dekorativ daraufgeben, zuletzt mit Mandelblättchen bestreuen.

Honigmelone in Orangensauce

(für 4 Portionen)

siehe Abb. Seite 53

1 vollreife, mittelgroße Honigmelone	75 g Zucker
3 Orangen, davon 2 unbehandelte Orangen	4 EL Orangenlikör
	200 g Himbeeren

● Die Melone halbieren und mit Hilfe eines Löffels sorgfältig entkernen. Unter Verwendung eines Kugelausstechers kleine Kugeln aus dem Fruchtfleisch auslösen.

● Die Schale einer unbehandelten Orange abreiben, die der zweiten Orange in dünnen Streifen abziehen. Alle Orangen auspressen.

● Den Saft und die abgeriebenen Schalen mit Zucker aufkochen und bei milder Hitze etwas einkochen lassen. Von der Kochstelle nehmen, den Orangenlikör unterrühren, dann die Melonenkugeln in die warme Sauce geben und darin abkühlen lassen.

● Mit Himbeeren mischen, mit Orangenstreifen garniert servieren.

„Rote Grütze“ (für 4 Portionen)

300 g gemischte Beeren	1/8 l trockener Weißwein
(Erdbeeren, Himbeeren, Brombeeren, rote und schwarze Johannisbeeren oder gemischt, tiefgefrorene Beeren)	80 g Zucker
	Saft 1 Zitrone
	1 Stück unbehandelte Zitroneschale
100 g entsteinte Sauerkirschen (frisch oder aus dem Glas)	50 g Sago (oder ca. 40 g Stärkemehl)
1/8 l Wasser	4 cl Himbeergeist oder Kirschwasser

● Die Früchte sorgfältig verlesen, behutsam in kaltem Wasser waschen und auf einem Sieb gut abtropfen lassen, dann von den Stielen oder Rispen befreien. Die Erdbeeren halbieren. Tiefgefrorene Früchte bei Raumtemperatur auftauen, abtropfen lassen. Die Flüssigkeit auffangen.

● Wasser, Weißwein, Zucker, Zitronensaft und -schale sowie alle Früchte – außerdem Erdbeeren – in einem Topf erhitzen, kurz aufkochen lassen. Danach erst die Erdbeeren dazugeben.

● Den Topf von der Kochstelle nehmen, ein Sieb in eine Schüssel legen, die Früchte einfüllen und den Abtropfsaft auffangen.

● Diesen wieder in den Topf füllen. Sago einstreuen und 15 - 20 Minuten leicht köcheln lassen oder den Saft mit kalt angerührtem Stärkemehl abbinden, erhitzen.

● Die Früchte dazugeben, durchmischen, dann mit Himbeergeist oder Kirschwasser abschmecken. Etwas abkühlen, dann auf 4 Servierschalen verteilen und einige Stunden lang, am besten jedoch über Nacht, fest werden lassen.

Tipp:
Zur Nordischen „Roten Grütze“ passt eine Vanillesauce sehr gut. Das entsprechende Rezept finden Sie auf der Seite 79.

Eis, Sorbet und andere kühle Köstlichkeiten

Eis lässt sich in einer Eismaschine oder einem elektrischen Eisbereiter am einfachsten zubereiten, es kann aber auch im Tiefkühlfach oder einer Gefriertruhe eingefroren werden. In der Eismaschine/Eisbereiter gelingt die Masse lockerer und cremiger, da sie in beiden Geräten unter Rühren zubereitet wird. Für die Eisherstellung im Tiefkühlfach ist nur eine Masse, die mit Sahne (Schlagobers) hergestellt wurde, empfehlenswert. Sie lässt das Eis geschmeidig werden, dennoch empfiehlt es sich, während des Gefrierens einige Male umzurühren.

Auch Sorbets lassen sich gut im Tiefkühlfach herstellen. Die Masse gibt man dann am besten in einen passenden Behälter und rührt einige Male durch. Besonders luftig werden diese Köstlichkeiten, wenn man nach der Hälfte der Gefrierzeit geschlagenes Eiweiß unterzieht. Feste Sorbets mit einem Portionierer zu Kugeln formen und in Dessertschalen geben.

Köstliches Pflaumen (Zwetschken)-Sorbet

(für 4 Portionen)

350 g Pflaumen (Zwetschken) aus dem Glas	200 ml Pflaumen (Zwetschken)-Saft
150 g Zucker	1/8 l Pflaumen-Apéritif (Pflaumenwein, z. B. von Kikkoman)
2 cl Zitronensaft	
1 Piccolo (Sekt)	

● Die Pflaumen abtropfen lassen, dabei den Abtropfsaft unbedingt auffangen und Zucker sowie Zitronensaft im Mixer pürieren. Die Masse durch ein Sieb streichen, dann mit Sekt, Pflaumensaft und -apéritif verrühren.

● Die Mischung am besten in eine Edelstahlschüssel geben und im Gefriergerät anfrieren lassen.

● Wenn sich nach ca. 1 1/2 - 2 Stunden ein ca. 1 cm breiter Kranz aus Eiskristallen gebildet hat, die Mischung mit einem Schneebesen umrühren. Diesen Vorgang mehrmals wiederholen, bis die Masse vollständig gefroren ist.

● Das Sorbet in kleinen Kugeln in hohe Dessertgläser füllen und nach Belieben mit Früchten garnieren.

Mandel-Kaffee-Eiscreme

(für 4 - 6 Portionen)

50 g feiner Zucker	3 EL Kaffee-Likör
200 g Nougat	2 - 3 EL Cognac
6 Eigelb (Eidotter)	400 g süße Sahne (Schlagobers)
80 g fein gemahlene Mandeln	

● Den Zucker mit 3 EL Wasser aufkochen. Die Hälfte des Nougats in einem Topf auf der Kochstelle langsam schmelzen, den restlichen Nougat in kleine Stücke zerteilen.

● Die Eigelb in eine Rührschüssel geben, mit dem Elektroquirl mit Rührbesen aufschlagen, dann nach und nach das heiße Zuckerwasser hinzufügen. Weiterrühren, bis die Masse sehr cremig ist.

● Flüssigen Nougat, gemahlene Mandeln und Cognac unterziehen. Sahne steif schlagen, dann zusammen mit den Nougatstückchen unter die Eiercreme geben.

● Die Masse in einen Eisbereiter (Eismaschine) geben und unter Rühren gefrieren lassen. Falls kein passendes Gerät vorhanden ist, die Mischung in eine geeignete, kältefeste Form füllen und mindestens 5 - 6 Stunden im Eisfach gefrieren lassen, dabei gelegentlich umrühren.

Fruchteis
(für 4 Portionen)

400 g Früchte (z. B. Erdbeeren, Himbeeren, Kiwi, etc.)

150 g Zucker

1 cl Alkohol (Rum, Likör oder Gin)

Saft 1 Zitrone

1 Eiweiß (Eiklar)

1 EL Zucker

200 g halbsteif geschla-gene, süße Sahne (Schlagobers)

● Die Früchte putzen, waschen oder schälen. Dann pürieren und mit Zucker, Zitronensaft und Alkohol 1 - 1 1/2 Stunden durchziehen lassen.

● Eiweiß mit Zucker sehr steif schlagen, zusammen mit der Sahne unter die Fruchtmasse geben.

● Die Masse in einem Eisbereiter (Eismaschine) geben und unter Rühren gefrieren lassen oder in einen Gefrierbehälter füllen und mind. 5 Stunden im Tiefkühlfach einfrieren. Dabei alle 30 Minuten kräftig durchrühren.

Geeister Birnenschaum auf Rotweinsauce
(für 2 Portionen)

250 g feiner Zucker

2 Gläser trockener, gehaltvoller Rotwein

200 g gewürfelte, reife Birnen (frisch oder aus dem Glas)

1 Stange Zimt

2 Nelken

1/8 l süße Sahne (Schlagobers)

1 Eiweiß (Eiklar), 1 Prise Salz

1 TL gem. Zimt

● Den Zucker zusammen mit dem Rotwein, der Zimtstange und den Nelken in einen hohen Kochtopf geben. So lange kochen, bis die Masse große Blasen wirft.

● Eine Hälfte davon in eine Sauciere füllen, in die

andere die gewürfelten Birnenstücke geben und unter beständigem Rühren bei milder Hitze 10 - 15 Minuten lang dünsten. Zimtstange sowie Nelken entfernen, dann die Mischung abkühlen lassen.

● Sahne mit Zucker und Eiweiß mit 1 Prise Salz getrennt steif schlagen. Zuerst die Sahne, dann den Eischnee vorsichtig unter die abgekühlten Rotweinbirnen heben.

● Die Masse in kältefeste Förmchen füllen, mit Alufolie abdecken und für einige Stunden tiefgefrieren.

● Zum Servieren die Förmchen kurz in heißes Wasser tauchen, auf Dessertteller stürzen und den Birnenschaum mit Zimt bestäuben.

● Die Rotweinsauce dazu reichen.

Zitronen-Eis

- 3 Eigelb (Eidotter)
- 175 g feinster Zucker
- abgeriebene Schale 1/2 unbehandelten Zitrone
- 1/8 l Wasser, 1 TL Stärkemehl
- Saft von 2 Zitronen
- Saft von 1 Limette
- 1 Eiweiß (Eiklar)
- 1/4 l süße Sahne (Schlagobers)

● Eigelb mit Zucker in eine Rührschüssel geben und unter Verwendung des Elektroquirls sehr schaumig rühren, bis der Zucker gelöst ist. Die Zitronenschale unterziehen.

● Wasser mit Stärkemehl verrühren, aufkochen. Unter beständigem Rühren in das wieder leicht abgekühlte Wasser die Ei-Zuckermasse geben. Nach und nach den Zitronen- sowie Limettensaft einrühren.

● Die Masse erhitzen, jedoch nicht kochen lassen. Dabei beständig weiterrühren.

● Zuletzt steif geschlagenes Eiweiß sowie Sahne zur abgekühlten Masse geben, diese in eine Eisschale füllen und gefrieren lassen.

Weißwein-Mandelsorbet

(für 4 Portionen)

- 500 ml süßer, fruchtiger Weißwein
- 125 ml Wasser
- 125 g Zucker
- 5 Tropfen Bittermandelaroma
- geröstete Mandelblättchen, Limettenscheiben und Minze als Garnitur

● Das Wasser mit dem Zucker unter beständigem Rühren aufkochen, bis der Zucker sich gelöst hat. Abkühlen lassen, dann Weißwein und Mandelaroma dazugeben. Mindestens 1 Stunde lang in den Kühlschrank stellen.

● Die Flüssigkeit in eine

Eismaschine geben und warten, bis sie gefrostet ist. Das Sorbet in einem hohen Cocktailglas mit Limonenscheiben und Mandelblättchen garniert sofort servieren.

Desserts für festliche Stunden

Fröhliche Feste im Kreise netter Freunde oder Verwandte werden immer beliebter. Da macht man sich gerne die Mühe, auch ein aufwendiges Dessert vorzubereiten, denn zum Schluß kommt immer das Beste. Wie bei allen anderen Menüfolgen gilt: Reichen Sie eine leichte Nachspeise nach einem schweren Hauptgang oder ein gehaltvolles Dessert nach einem eher einfachen Menü. Auch das jahreszeitliche Angebot kann Berücksichtigung finden. So passt zu einer sommerlichen Gartenparty am besten ein raffiniert abgerundeter Obstsalat oder eine leichte Rotwein-Kirschcreme. Als Dessert nach einem üppigen Winter-Braten kann man einen Buttermilch-Savarin oder eine Creme Caramel reichen. Die meisten kalten Desserts – z. B. ein Tiramisu oder eine Mousse – können Sie bereits am Vortag zubereiten. Sie schmecken durchgezogen noch besser und das erleichtert Ihnen die Vorbereitungen der festlichen Stunden.

Rotwein-Kirsch-Creme mit Joghurtschaum

(für 4 Portionen)

- 1 Glas Kirschen (ca. 700 g Füllmenge)
- 1/4 l gehaltvoller, trockener Rotwein
- 75 g feiner Zucker
- 1 Stange Zimt
- je 1 Msp. gem. Nelken, Piment
- 5 Blatt rote Gelatine
- 200 g süße Sahne (Schlagobers)
- 2 TL feiner Zucker

Außerdem:
EL Stärkemehl
50 g Vollmilch-Joghurt
70 - 80 ml Prosecco oder trockener Sekt
Saft und Schale 1 kleinen, unbehandelten Zitrone
30 g Puderzucker (Staubzucker)
125 g süße Sahne (Schlagobers)
frische Minzblätter

● Die Kirschen abtropfen lassen, den Saft jedoch auffangen. 1/4 l Kirschsaft mit Rotwein, Zucker, den Gewürzen und Zimt aufkochen, dann bei mittlerer Einstellung um die Hälfte reduzieren (einkochen lassen). Das dauert ca. 15-20 Minuten. In eine Schüssel füllen, die Zimtstange entfernen.

● Die Gelatine nach Packungsangabe einweichen, ausdrücken und in der noch warmen Flüssigkeit auflösen. Untermischen, dann kalt stellen, bis die Mischung zu gelieren beginnt.

● Die Schlagsahne halbsteif schlagen, den Zucker einrieseln lassen und festschlagen, dann zusammen mit 200 g Kirschen unter die Geleemasse heben.

● Nun die Mischung in 4 ausgespülte Portionsförmchen à 200 ml Inhalt geben, im Kühlschrank fest werden lassen.

● Den restlichen Kirschsaft aufkochen und mit in wenig kaltem Wasser angerührter Speisestärke binden.

● Joghurt, Prosecco oder Sekt, Zitronensaft und -schale sowie Puderzucker verrühren. Die Sahne steif schlagen und unterziehen.

● Die Förmchen kurz in heißes Wasser eintauchen, die Rotweincreme auf Dessertteller stürzen. Mit Joghurtschaum und dem angedickten Kirschsaft anrichten. Mit den restlichen Kirschen und frischer Minze garnieren.

Crème Caramel
(für 4 Portionen)

Karamel-Spiegel: 200 g Zucker	2 Eier
6 EL Wasser	1 Eigelb (Eidotter)
Creme: 1/2 Vanilleschote	75 g Zucker
3/8 l Milch	Alufolie zum Abdecken, Backpapier

● Für den Karamel-Spiegel den Zucker mit 4 EL Wasser in einem Topf erhitzen, dabei nicht rühren, sonst klumpt der Zucker. Sprudelnd aufkochen lassen und die Zuckerlösung so lange weiterkochen, bis sie goldgelb geworden ist. Sofort mit dem restlichen Wasser ablöschen, dabei umrühren.

● Den Karamel sofort auf 4 backofenfeste Förmchen (z. B. aus Metall oder Keramik) verteilen, dann die Förmchen schwenken, so dass Boden und Rand mit der Zuckermasse überzogen sind. Weiter schwenken, bis die Flüssigkeit sich nicht mehr „bewegt".

● Nun den Karamel abkühlen lassen, in der Zwischenzeit die Creme vorbereiten.

● Hierzu die Vanilleschote auskratzen, das Mark zusammen mit der Milch in einen Topf geben und langsam aufkochen, dabei beobachten. Die Eier mit dem Eigelb und dem Zucker verschlagen, dann die abgekühlte, lauwarme Vanillemilch portionsweise zur Ei-Zuckermasse geben, dabei am besten die Milch über einen Kochlöffel laufen lassen, damit das Eigelb nicht ausflockt.
Mit dem Löffel gut umrühren.

● Nun die Masse 5 - 10 Minuten ruhen lassen, nochmals umrühren und dann mit einem Saucenlöffel gleichmäßig auf die Förmchen verteilen.
Mit Alufolie einzeln abdecken, diese mehrfach einstechen.

● Zum Garen einen weiten, halbhohen Kochtopf am Boden mit Backpapier auslegen. Die Förmchen darauf stellen und so viel heißes Wasser einfüllen, dass sie bis zur Hälfte im Wasser stehen.

● Den Deckel auflegen und die Creme bei schwacher Hitze in ca. 1 1/2 Stunden stocken lassen. Dabei darf das Wasserbad nicht kochen, sonst bilden sich Luftblasen in der Creme.

● Nach dem Garen die Förmchen vorsichtig herausnehmen, abkühlen lassen.

● Zum Servieren die Creme mit einem spitzen Messer vom Rand der Förmchen lösen, dann vorsichtig auf Dessertteller stürzen. Dabei läuft die Karamelsauce ebenfalls heraus.

Tipp:
Zur Creme Caramel können Sie verschiedene frische Früchte der Saison, aber auch geschlagene Sahne, servieren. Am besten schmeckt sie gut gekühlt.

Pfirsichmousse
(für 4 - 6 Portionen)

1/4 l Pfirsichmark aus frischen, pürierten Pfirsichen	3 Blatt weiße Gelatine
3 Eigelb (Eidotter)	4 cl Pfirsichlikör
80 g Zucker	1/4 l süße Sahne
	1 - 2 EL Zucker

● Eigelb und Zucker in eine Rührschüssel geben. Mit dem Elektroquirl einige Minuten lang rühren, bis der Zucker sich gelöst hat und die Masse sehr cremig ist.

● Die Gelatine ca. 5 Minuten lang in kaltem Wasser einweichen. In der Zwischenzeit das Pfirsichmark langsam erwärmen, dann den Topf von der Kochstelle nehmen und die gut ausgedrückte Gelatine gleichmäßig unterrühren. Etwas ziehen lassen, dann die Mischung zur Eimasse geben und mit dem Schneebesen kalt schlagen.

● Mit Pfirsichlikör abrunden.

● Zuletzt die Sahne mit Zucker sehr steif schlagen, ebenfalls unterziehen, dann die Creme in eine Schüssel füllen. Mindestens 8 Stunden lang kalt stellen.

● Zum Servieren mit einem kalt abgespülten Esslöffel große Nocken abstechen, diese auf Serviertellern anrichten und das Pfirsichmousse mit einer Fruchtsauce garnieren.

Mousse au chocolat

200 g Zartbitter-Schokolade	4 Eigelb (Eidotter)
4 EL süße Sahne (Schlagobers)	120 g feiner Zucker
50 g Butter	2 EL Cognac
	4 Eiweiß (Eiklar)
	1 Prise Salz

● Die Schokolade in Stückchen brechen, dann mit einem großen Messer in gleichmäßig kleine Stückchen zerhacken. Die Schokolade zusammen mit Sahne sowie Butter in einem kleinen Topf mischen und bei niedriger Wärmezufuhr unter beständigem Rühren schmelzen lassen, bis die Schokolade vollständig gelöst ist.

● Eigelb mit ca. 80 g Zucker in eine Metallschüssel geben und diese über ein heißes, jedoch nicht kochendes Wasserbad setzen, dann die Masse aufschlagen, bis der Zucker sich aufgelöst hat.

● Schrittweise die aufgelöste Schokolade dazugeben und mit einem Schneebesen unterschlagen. Den Cognac unterziehen. Die Schüssel aus dem Wasserbad nehmen.

● Eiweiß zu steifem Schnee schlagen (Elektroquirl), dabei den restlichen Zucker sowie eine Prise Salz dazugeben.

● Den Eischnee zur Schokoladenmasse geben und gleichmäßig mit einem Schneebesen unterziehen.
● Die Mousse in eine Schüssel oder in Dessertgläser füllen und mindestens 5 - 6 Stunden lang im Kühlschrank durchziehen lassen.

Variation:
Eine weiße Mousse au chocolat wird aus weißer Schokolade zubereitet, die man am besten noch mit einem Blatt eingeweichter, gut ausgedrückter Gelatine bindet. Diese dann in der warmen Schokoladenmasse auflösen.

Tiramisu
(für 4 - 6 Portionen)

5 - 6 EL Mandellikör	6 EL Rum
1/4 l kalter Espresso	3 Eiweiß (Eiklar)
5 Eidotter	1 EL Puderzucker (Staubzucker)
100 g Puderzucker (Staubzucker)	300 - 400 g Löffelbiskuits
ausgekratztes Mark 1 Vanilleschote	1/8 l süße Sahne (Schlagobers)
400 g Mascarpone (ital. Frischkäse)	2 Pa Vanillezucker
3 Blatt Gelatine	Kakaopulver

● Mandellikör mit kaltem Espresso verrühren.
● Eigelb mit Puderzucker und Vanillemark in eine Rührschüssel geben. Mit dem Elektroquirl mit Schlägern sehr schaumig rühren. Den Mascarpone

gleichmäßig unter die Masse heben.

● Die in kaltem eingeweichte, gut ausgedrückte Gelatine im erwärmten Rum auflösen und löffelweise in die Mascarponemasse mischen.

● Eiweiß mit Puderzucker zu Schnee schlagen, die Sahne halbsteif rühren, den Vanillezucker zufügen und weiterrühren, bis die Mischung schön fest ist.

● Die Hälfte der Löffelbiskuits in eine eckige Glas- oder Porzellanform schichten, mit der Espresso-Mandellikörmischung (halbe Menge) tränken, dann die Hälfte der Mascarponecreme darauf verteilen und glattstreichen.

● Die restlichen Biskuits darüberlegen, auch diese tränken, dann mit der übrigen Creme überziehen.

● Mindestens 4 - 5 Stunden mit Folie zugedeckt im Kühlschrank durchziehen lassen.

● Kurz vor dem Servieren die Oberseite dick mit gesiebtem Kakao bestreuen.

Buttermilch-Savarin mit Himbeeren

(für 4 Portionen)

200 ml Buttermilch	250 g Himbeeren
3 EL Zucker	1 EL Puderzucker (Staubzucker)
1 EL Zitronensaft	1 EL Himbeergeist oder Obstler
4 Blatt weiße Gelatine	2 - 3 EL geh. Pistazien
150 g süße Sahne (Schlagobers), 2 EL Zucker	

● Die Buttermilch zusammen mit dem Zucker sowie dem Zitronensaft in einen halbhohen Kochtopf geben und unter beständigem Rühren langsam erwärmen.

● Die Gelatine nach Packungsangabe in kaltem Wasser einweichen, gut ausdrücken und in der warmen Buttermilchmischung auflösen.

● Wenn die Mischung zu gelieren beginnt, die Sahne zusammen mit dem Zucker sehr steif schlagen und unterheben.

● Nun die Masse in kalt ausgespülte Savarinförmchen füllen und mind. 4 Stunden lang – am besten jedoch über Nacht – im Kühlschrank fest werden lassen.

● Die Hälfte der aussortierten Himbeeren mit Puderzucker und Himbeergeist oder Obstler im Mixer pürieren.

● Zum Anrichten die Förmchen kurz in heißes Wasser eintauchen, auf Servierteller stürzen, mit den ganzen Himbeeren füllen, dann mit dem Püree umgießen und mit reichlich gehackten Pistazien bestreuen.

Nuss-Nockerl

100 g gem. Haselnüsse	1 Prise Salz, 3 Eier
40 - 50 g Mehl	5 EL grob gehackte Hasel- oder Walnüsse
1 EL Zucker	Zimt und Zucker zum Bestreuen
2 - 3 EL süße Sahne (Schlagobers)	

● Die gemahlenen Haselnüsse zusammen mit dem Mehl in einer Rührschüssel mischen. Zucker, Salz, Sahne sowie Eier dazugeben und die Mischung mit dem Elektroquirl mit Knetern kräftig verrühren, dabei auf der niedrigsten Stufe beginnen, damit das Mehl nicht staubt. Nun die

Masse 30 - 40 Minuten lang zugedeckt ziehen lassen.

● Reichlich gesalzenes Wasser in einem hohen, weiten Topf zum Kochen bringen.

● Von der Teigmasse mit Hilfe von 2 Teelöffeln kleine „Nockerl“ (Klößchen) abstechen und diese im leicht siedenden Wasser 5 - 8 Minuten lang ziehen lassen. Herausnehmen und zum Abtropfen kurz auf ein Sieb geben.

● Noch warm in den gehackten Nüssen wälzen und mit Zimt sowie Zucker bestreuen.

Tipps:
Zu den Nuss-Nockerln passt am besten ein lauwarmes Zwetschken (Pflaumen)-Kompott.
Die Menge reicht für 4 Portionen.

Karamel-Marquise
(für 4 Portionen)

125 g Zucker	1/8 l süße Sahne (Schlagobers)
400 ml Milch	2 EL Zuckersirup
3 Eier	1 - 2 EL gehackte Pistazien
4 Blatt weiße Gelatine	
2 EL Zucker	

- Den Zucker am besten in einem Edelstahltopf erhitzen, bis er schmilzt und dabei leicht karamelisiert.

- Die Milch dazugeben und erhitzen, bis der Karamel sich gelöst hat, dann abkühlen lassen und dabei gelegentlich umrühren.

- Die Eier trennen, Eiweiße kalt stellen. Die Eigelb in die noch warme Karamelmilch rühren, bei niedriger Stufe auf der Kochstelle langsam erhitzen bis die Masse cremig wird. Von der Kochstelle nehmen.

- Die in kaltem Wasser mehrere Minuten lang

eingeweichte Gelatine ausdrücken und in die heiße Creme rühren, bis sie sich auflöst.

● Eine Servierschüssel oder eine hitzebeständige Glasform mit kaltem Wasser ausspülen, die Creme hineingeben und ca. 1 Stunde lang auskühlen lassen, dann in den Kühlschrank stellen und weitere 1 1/2 - 2 Stunden durchkühlen.

● Vor dem Servieren die Eiweiße zu steifem Schnee und die Sahne zusammen mit dem Zucker aufschlagen, unter die Eiweiße ziehen, dann die Schaummasse über die Karamel-Marquise geben, verstreichen, mit Zuckersirup verzieren und mit Pistazien bestreut servieren.

Marillen (Aprikosen)-Knödel

Teig:

400 - 450 g mehlige Erdäpfel (Kartoffeln), vorgekocht

1 Prise Salz

125 g Mehl

30 g feiner Grieß

Schale einer 1/2 unbehandelten Zitrone

30 g Butter

2 Eidotter

Füllung:

500g Marillen (Aprikosen)

5 - 6 Würfelzucker

Salzwasser

100 g Butter, Zucker

ca. 125 g Semmelbrösel

● Die Erdäpfel heiß schälen und durch eine Kartoffelpresse drücken. In eine Rührschüssel geben, Salz, Grieß, weiche Butter und Eidotter hinzufügen und zu einem glatten Teig verarbeiten. Ca. 30 Minuten rasten lassen.

● Die Marillen waschen und die Kerne herausdrücken. Halbierte Zuckerwürfel hineingeben. Den Teig zu einer ca. 5 cm dicken Rolle formen und in 30 - 40 g schwere Stücke teilen. Diese etwas flach drücken und die Marillen damit umhüllen, zusammendrücken und nachformen.

● 2 Liter leicht gesalzenes Wasser erhitzen, die Knödel hineingeben, kurz aufkochen, dann herunterschalten und die Knödel in 8 - 10 Minuten garen.

● Inzwischen Butter und Semmelbrösel anrösten. Die Marillenknödel gut abtropfen lassen, in den Butterbröseln wälzen und mit Zucker bestreut sofort servieren.

Feine Grießknödel

1/2 l Milch	1 Prise Salz
60 g Joghurt-Butter z. B. von Meggle	125 g feiner Grieß
60 g feiner Zucker	2 Eier
ausgekratztes Mark 1 Vanilleschote	Salz
	1 Prise gem. Muskat

● Zunächst Milch, Joghurt-Butter, Zucker, Vanillemark und Salz in einen Topf geben, dann unter beständigem Rühren langsam aufkochen. Den Grieß mit einem Schneebesen nach und nach in die heiße Flüssigkeit einrühren. So lange weiterrühren, bis sich die Masse vom Topfboden löst. Von der Kochstelle nehmen und ausquellen lassen.

● Die Eier trennen, Eigelb und ggf. Muskat unter die Grießmasse rühren, Eiweiß mit 1 Prise Salz steif schlagen und ebenfalls unterheben.

● Mit 2 Esslöffeln eigroße Klöße abstechen, rund formen, vollständig auskühlen und zuletzt in reichlich siedendem Salzwasser garziehen lassen. Mit Obstkompott oder Weinschaumsauce servieren (s. S. 78).

Marzipanschaum über Cognackirschen

400 g Sauerkirschen aus dem Glas	2 Eigelb (Eidotter)
3 EL Cognac	2 Eiweiß (Eiklar)
150 g Marzipan-Rohmasse	50 g Puderzucker
200 ml Milch	2 EL geröstete Mandelblättchen

● Die Kirschen gut abtropfen lassen, mit dem Cognac vermischen und mindestens 5 - 6 Stunden lang durchziehen lassen, dabei gelegentlich umrühren.

● Das Marzipan in Stücke schneiden, im Mixer Milch und Eigelb sehr schaumig schlagen. Eiweiß mit Puderzucker zu steifem Schnee verarbeiten und unter die Marzipanmasse ziehen.

● Zum Servieren die Kirschen auf 4 Dessertteller verteilen, mit dem Schaum überziehen und mit Mandelblättchen bestreuen.

Dessert-Saucen

Cremesaucen werden aus Milch oder Wein mit Zucker sowie Eiern gekocht und ggf. mit Stärkemehl gebunden.
Durch Zugabe diverser Geschmacksbeigaben wird dann aus der Grundmasse z. B. eine Vanille- oder Schokoladencremesauce.

Fruchtsauce. Fruchtsaucen werden – je nach Saison – aus frischen, durchpassierten bzw. pürierten Früchten zubereitet.
Zum Verdünnen eignen sich Fruchtsäfte oder Wein.
Beide Saucenarten passen zu vielen Desserts.

Kirschsauce

1/4 l Kirschsaft

Saft 1/2 Zitrone

1 Pa Vanillezucker

1 gehäufter TL Stärkemehl

● Vom Kirschsaft ca. 4 EL abmessen, den restlichen Saft zusammen mit dem Zitronensaft und dem Vanillezucker in einen kleinen Topf geben. Unter beständigem Rühren aufkochen.

● Die Speisestärke mit dem restlichen Kirschsaft glattrühren und die heiße Flüssigkeit damit binden.

● Lauwarm oder abgekühlt verwenden.

Schokoladensauce

125 g geriebene Blockschokolade

50 g Zucker, 1/8 l Wasser

125 g süße Sahne (Schlagobers)

1 cl Kaffeelikör

● Die Schokolade zusammen mit dem Zucker und dem Wasser bei niedriger Einstellung aufkochen, dann mit einem Schneebesen glattrühren. Ca. 5 Minuten lang leicht köcheln lassen, die Sahne einrühren, kurz mit erhitzen, dann die Sauce von der Kochstelle nehmen und mit dem Likör abschmecken.

Erdbeersauce

- 300 g frische oder aufgetaute Erdbeeren
- 3-4 EL feiner Zucker oder Puderzucker (Staubzucker)
- Saft und Schale 1/2 unbehandelten Zitrone

● Die Erdbeeren waschen, putzen. Tiefgefrorene Früchte auftauen lassen. Zusammen mit dem Zucker sowie der Zitronenschale und dem Zitronensaft im Mixer auf höchster Stufe pürieren.

Mandelsauce

(für 4 Portionen)

- 2 Eigelb (Eidotter)
- 100 g feiner Zucker
- 1 gestr. TL Stärkemehl
- 1/4 l Milch
- 1 Vanillestange
- 75 g Marzipanrohmasse
- 2 EL Amaretto (Mandellikör)

● Zunächst eine Vanillesauce zubereiten. Hierzu Eigelb mit Zucker sehr schaumig rühren. In einem Kochtopf das Stärkemehl mit Milch mischen und das ausgekratzte Mark der Vanillestange hinzugeben. Den Eigelbschaum unterziehen, dann die Mischung unter beständigem Rühren mit dem Schneebesen langsam auf der Kochplatte erhitzen, bis die Sauce sehr cremig ist.

● Die Marzipanmasse in sehr kleine Stückchen schneiden und in der Sauce glattrühren.

● Nun die Mischung durch ein feines Sieb passieren und mit Amaretto abschmecken.

Weinschaumsauce

- 3 Eigelb (Eidotter)
- 125 g Zucker
- 20 g Stärkemehl
- 1/2 l trockener Weißwein
- Saft und Schale 1/2 abgeriebenen, unbehandelten Zitrone

Eigelb in eine Schüssel eben und zusammen mit em Zucker so lange ufschlagen, bis dieser elöst ist. Stärkemehl, Veißwein, Zitronensaft und schale dazugeben.

Nun die Sauce über inem Wasserbad unter beständigem Rühren mit dem Schneebesen aufschlagen. Dabei soll die Masse dickschaumig werden und darf keinesfalls kochen.

● Warm oder kalt servieren.

Vanille-Sauce

- 00 ml Milch
- 0 g Zucker
- 1/2 EL Speisestärke
- Eigelb (Eidotter)
- ausgekratztes Mark 1 Vanilleschote
- 100 ml süße Sahne (Schlagobers)

● Milch mit Zucker, ngerührter Speisestärke sowie dem Vanillemark gut n einem Kochtopf verühren. Langsam zum Kochen bringen, dabei mit inem Schneebesen aufschlagen und nach ca. 3 minütigem Köcheln vom Herd nehmen. Abkühlen lassen, dann das verquirlte Eigelb unterziehen.

● Die Sahne halbsteif schlagen und unter die abgekühlte Vanillemilch heben.

Zu den Rezepten:

Die Rezepte sind überwiegend für 4 teilweise auch für 6 Personen berechnet, nur die Rezeptmenge einiger Mehlspeisen ist etwas größer gewählt, da diese gerne auch als Hauptgericht serviert werden. Die Angaben für das Backen beziehen sich auf Backöfen mit Ober- und Unterhitze. Möchten Sie die jeweiligen Rezepte mit Heißluft zubereiten, so stellen Sie ca. 20°C niedriger ein. Die Backzeiten bleiben in der Regel gleich.

Zum Gebrauch des Buches:

Es werden mehrfach Abkürzungen benutzt, die nachstehend kurz erklärt werden:

EL	Esslöffel
TL	Teelöffel
Msp	Messerspitze
g	Gramm
kg	Kilogramm
l	Liter
cl	Zentiliter
ml	Milliliter
geh.	gehäuft
ger.	gerieben
gem.	gemahlen
Pa	Päckchen

Bildnachweis:

StockFood, H. Bischof: Titel
CMA, von Mannstein: Rücktitel
Siemens Electrogeräte GmbH:
CMA, von Mannstein: 6, 9, 10, 13, 17, 19, 29, 33, 43, 51, 53, 55, 60, 66, 70, 72, 73, 76
Ketchum PR, Californische Mandeln: 25
Ketchum PR, CMA Butterschmalz: 27, 37
Ketchum PR, Deutsche Butter: Haupttitel, 41
Ketchum PR: 47
StockFood, Scherer: 64
StockFood, S & P Eising: 69

Autorin und Verlag danken den obengenannten Unternehmen für die umfangreiche Bereitstellung des Bildmaterials.

Design u. Produktion: Verlagsbüro Fritz Petermüller, Siegsdorf
Lektorat: U. Calis, München
Satz: SeiwaldMedia, Bernau/Grassau
Lithos: Fotolitho Veneta, Verona
Druck und Buchbindung: New Print, Trento

Verlagsnummer: 1740
ISBN 3-85491-206-4

(1. Auflage) 2004
Fax 0043 (0) 512/26 55 61-8
e-mail: kompass@kompass.at
http://www.kompass.at